Libellus

Phaedrus

Fabeln

von Wulf Mißfeldt und Jörn Klinke

Ernst Klett Verlag
Stuttgart · Leipzig

1. Auflage 1 9 8 7 6 5 | 26 25 24 23 22

Alle Drucke dieser Auflage sind unverändert und können im Unterricht nebeneinander verwendet werden. Die letzte Zahl bezeichnet das Jahr dieses Druckes.

Autor: Wulf Mißfeldt, Kiel; Jörn Klinke, Bücken
Redaktion: Thomas Friedl, Tübingen

Herstellung: Thomas Gremmelspacher

Gestaltung: Jens-Peter Becker, Schwäbisch Gmünd
Satz: Fotosatz Kaufmann, Stuttgart
Illustrationen: Sven Palmowski, Barcelona
Druck: Druckhaus Götz GmbH, Ludwigsburg

Printed in Germany
ISBN 978-3-12-623160-2

9 783126 231602

Inhalt

Vorwort

Liebe Schülerinnen und Schüler!

Vielleicht habt ihr gerade den Durchgang durch euer Lateinbuch beendet und beginnt nun mit eurer ersten Lektüre: Fabeln des Phaedrus. Fabeln sind, wie ihr wisst, kurze, oft amüsante Geschichten, die zum Nachdenken über ein Problem anregen und meist auch eine Lehre vermitteln wollen.

Nun muss auch der sachgemäße Umgang mit einem Text gelernt werden, um ihn möglichst gut zu verstehen. Dazu reicht es nicht, den lateinischen Text einfach nur zu übersetzen, er muss auch noch für die Interpretation untersucht werden. Die Grundlagen einer solchen Textbearbeitung sollen euch nun anhand dieser Phaedrus-Fabeln vorgeführt werden, aber keine Angst: Das wird euch wesentlich mehr Spaß machen als die Grammatikbüffelei der letzten Jahre. Außerdem ist der Lernstoff jetzt längst nicht mehr so umfangreich.

Virtuelle Vokabelkartei (→ S. 53)

Online-Link
623160-0001

Im Internet findest du die Software* für die virtuelle Vokabelkartei.
Einfach auf www.klett.de gehen und 623160-0001 in das Suchfeld eingeben.

Hörtexte

Online-Link
623160-0002

Im Internet findest du auch folgende Texte als Audio-MP3-Datei*:
3.1 Phaedrus II, 7 – Duo mūlī et latrōnēs
3.2 Phaedrus I, 24 – Rāna et bōs
3.5 Phaedrus I, 3 – Grāculus superbus et pāvō
3.6 Phaedrus I, 13 – Vulpēs et corvus
3.7 Phaedrus IV, 3 – Vulpēs et ūva
3.9 Phaedrus I, 1 – Lupus et āgnus

* Die Online-Links verweisen ausschließlich auf optionale Unterrichtsmaterialien; sie unterliegen nicht dem staatlichen Zulassungsverfahren.

1 Einführung

1.1 Eine kurze Geschichte der Fabel

Seit wann können Füchse sprechen?

Wer von uns kennt nicht Geschichten, in denen Tiere sich wie Menschen verhalten? Wer kennt es nicht: „Und die Moral von der Geschicht…"? Jeder kennt Fabeln, in denen Tiere die Handelnden sind und nicht Menschen. Dabei verhalten sich die Tiere in den Fabeln genau wie Menschen: Es ist völlig selbstverständlich, dass sie denken, handeln und sprechen können. Dabei versuchen sie außerdem oft, dem Leser eine Botschaft mitzuteilen. Fabeln gibt es schon sehr lange, und bereits bei den alten Griechen wurden ganze Bücher nur mit Fabeln geschrieben. Der erste Autor, der solche Bücher geschrieben hat, war Äsop. In seinen Fabeln ließ er Tiere sprechen und nutzte dabei deren Symbolik, wie z.B. den mächtigen Löwen. Äsop legte ihnen passende Worte in den Mund, mit denen er versuchte, auf bestimmte Dinge aufmerksam zu machen. Dabei konnte es sich um allgemeine Wahrheiten, eine praktische Lebensweisheit oder eine Moral handeln. Äsop selbst war ein Sklave, und somit sind viele seiner Fabeln sozialkritisch und thematisieren indirekt gesellschaftliche oder politische Missstände der damaligen Zeit. Auch wenn in Fabeln Tiere vorkommen und nicht Menschen, so stellen diese Tiere dabei natürlich Menschen dar. Es gab jedoch in der antiken Gesellschaft keine Meinungsfreiheit, wie wir sie heute kennen, und deshalb war es oft leichter, gewisse Probleme anzusprechen, wenn man die Thematik nicht direkt, sondern indirekt, in einem anderen Rahmen, behandelte. Allerdings gab es auch hier Ausnahmen. Manche Fabeln sollten schlicht und einfach nur kurze, unterhaltsame Geschichten sein, ohne eine tiefer gehende Bedeutung. Bereits im Altertum waren Fabeln sehr beliebt, und es gab mehrere Schriftsteller, die sich an Äsop orientierten. Der erste Römer, der wie sein griechisches Vorbild Fabeln schrieb, war der Autor der Fabeln dieser Textausgabe: Phaedrus.
Und Phaedrus war nicht der letzte, der Fabeln schrieb. Eine lange Kette von berühmten Autoren zieht sich vom Altertum durch das Mittelalter und die Neuzeit bis hinein in unsere Gegenwart. Neben vielen anderen sind unter ihnen besonders der Reformator Martin Luther, La Fontaine, Herder, Lessing, Kafka, Brecht und Günther Grass zu nennen.

1.2 Phaedrus

Wir wissen nicht viel über Phaedrus, und das wenige, was wir wissen, erfahren wir dazu oft auch noch aus dem, was er selbst geschrieben hat. Nicht einmal das Jahr seiner Geburt und seines Todes kennen wir genau. Wir können nur sagen, dass er zwischen 15 und 20 v. Chr. geboren wurde und in dem Zeitraum von 51–65 n. Chr. starb. Auch von seinem schriftstellerischen Werk ist uns nur ein kleiner Teil erhalten. Häufig kommt es bei den Fabeln des Phaedrus vor, dass sie soziale Missstände kritisieren.

Warum das so ist, ist leicht nachvollziehbar, wenn man einen Blick auf das Leben unseres Autors wirft, der, genauso wie Äsop, lange Zeit ein Sklave war. Auf diese Weise hat er am eigenen Leib die dunklen Seiten einer Gesellschaftsordnung erlebt, in der der einzelne Mensch oft nicht besonders viel zählte. Phaedrus selbst hat eine Theorie dazu aufgestellt, wie die Literaturgattung Fabel entstanden sei: Im Vorwort zu seinem dritten Buch schreibt er, die Fabeln seien entstanden, weil sich die Sklaven nicht trauten, ihre Gedanken frei zu äußern. Deshalb hätten sie die Fabeln erfunden, um auf diese Weise dem, was sie bewegt, Ausdruck zu verleihen.
Später jedoch wurde Phaedrus von Kaiser Augustus freigelassen. Der genaue Grund für seine Freilassung ist nicht bekannt, und wir können nur Vermutungen anstellen. Sklaven wurden damals von ihren Herren, und besonders von Herrschern, des Öfteren für besondere Verdienste freigelassen. Es ist durchaus möglich, dass Kaiser Augustus Phaedrus' schriftstellerische Leistung trotz ihrer Sozialkritik so sehr schätzte, dass er ihn dafür freiließ. Dieses müsste dann jedoch schon geschehen sein, bevor er die Bücher verfasste, die uns bis heute überliefert sind, da er sich selbst im Titel dieses Werkes bereits als Freigelassenen bezeichnet.
Die Kritik in seinen Fabeln bereitete Phaedrus auch großen Ärger. Der Nachfolger des Kaisers Augustus, Kaiser Tiberius, hatte einen sehr mächtigen Minister namens Seianus. Dieser Seianus war der Meinung, dass es in einigen Fabeln des Phaedrus Anspielungen auf ihn gebe, und er fühlte sich beleidigt. Ob zu Recht oder Unrecht, können wir heute nicht mehr sagen. Alles, was darüber hinaus bekannt ist, ist, dass Seianus Phaedrus verklagt hat und dass dieser sich deshalb vor Gericht verantworten musste.

1.3 Metrik

Eine kurze Einführung

Aller lateinischen Dichtung liegen bestimmte Versmaße zugrunde. Ein Versmaß ist ein bestimmter Rhythmus, in dem ein Gedicht gelesen wird. Dieser ergibt sich durch eine festgelegte Abfolge von langen und kurzen Silben. Die Fabeln, die Äsop schrieb, waren noch in reiner Prosa verfasst. Phaedrus ist der erste Autor, der seine Fabeln in Verse gefasst hat. Das Versmaß, das seinen Fabeln zugrunde liegt, ist der jambische Senar.
Doch fangen wir vorne an. Lateinische Gedichte haben ebenso wie deutsche einen bestimmten Rhythmus, in dem sie gelesen werden. Dieser Rhythmus ist für viele Menschen eines der Hauptelemente, das ein Gedicht von einem gewöhnlichen Prosatext unterscheidet, und ohne diesen Rhythmus ist ein Gedicht für sie kein Gedicht. Er entsteht im Deutschen dadurch, dass bei den einzelnen Wörtern eines Verses bestimmte Silben betont und andere unbetont sind.
Ein Beispiel: Von dráuß vom Wálde kómm ich hér … Alle Silben mit Akzent sind betont. Wenn du versuchst, die Wörter anders zu betonen, wirst du feststellen, dass dieser Vers sehr komisch klingt.
Damit nun aus Betonungen ein Rhythmus wird, verwendet man jeweils bestimmte Versmaße, doch dazu weiter unten. Der Unterschied zur lateinischen Dichtung ist, dass sich die Versmaße nicht an den betonten Silben orientieren, sondern daran, ob eine Silbe lang oder kurz ist.

Längen und Kürzen

Wir merken uns der Einfachheit halber nur, dass alle lateinischen Silben kurz sind, außer bei folgenden zwei Ausnahmen:

1 Naturlänge: Eine Silbe ist lang, wenn der Vokal der Silbe lang ist. Du erkennst lange Vokale im Wörterbuch daran, dass über ihnen ein Strich steht: *ā, ē, ī, ō, ū*.
Auch die drei Diphthonge *ae, au* und *oe* gelten als lang.
Bsp.: *amoenitās* – Das *oe* und das hintere *ā* sind lang. Das vordere *a* und das *i* sind kurz.
- Kurze Vokale werden im Wörterbuch nicht gesondert gekennzeichnet.
- Schriftlich kennzeichnet man kurze Silben durch ein Häkchen über dem Vokal: *ă, ĕ, ĭ, ŏ, ŭ*. Die Kennzeichnung der Silben als lange oder kurze heißt Skandieren.
- Eine Ausnahme von dieser Regel bilden nur Vokale, die vor anderen Vokalen stehen und die keine der genannten Diphthonge sind *(vocalis ante vocalem corripitur – Vokal vor Vokal wird gekürzt)*. Solche Vokale sind immer kurz, außer bei wenigen Ausnahmen, wie z. B. bei *alterīus* (Gen. Sg. von *alter)*

2 Positionslänge: Eine Silbe ist lang, wenn auf den Vokal der Silbe zwei oder mehr Konsonanten folgen. Es spielt dabei keine Rolle, ob der Vokal lang oder kurz ist.
Bsp.: *assentīre* – Das *a* und das erste *e* sind kurze Vokale, trotzdem gelten die Silben als positionslang. Die Silbe mit dem *i* ist naturlang und die mit dem letzten *e* ist kurz. – Zu beachten ist, dass auch das *x* als zwei Konsonanten gilt, da es aus *cs* bzw. *gs* zusammengesetzt ist.

Eine Ausnahme gibt es für folgende Kombinationen (muta cum liquida): b, d, g / p, t, k + l, r

Stehen diese Kombinationen hinter einem Vokal, bewirken sie nicht unbedingt eine Positionslänge der Silbe. Wenn allerdings der Vokal schon naturlang ist, so ist natürlich auch die Silbe lang.
- Wichtig ist noch, dass Silben auch als lang gelten, wenn sie am Ende eines Wortes stehen, und einer oder mehr Konsonanten erst im nächsten Wort stehen, wie z. B. bei *caedem ferrō*. Die letzte Silbe von *caedem* ist positionslang, obwohl das *e* kurz ist, weil durch die Abfolge *m-f* zwei Konsonanten aufeinander treffen.

Ausfall von Vokalen

Wie bereits angesprochen, geht die Zählung der Silben in lateinischen Gedichten über das Ende eines Wortes hinaus. In drei besonderen Fällen fallen bestimmte Vokale weg, wenn das folgende Wort ebenfalls mit einem Vokal oder mit einem h beginnt.

1 **Elision:** Bei einem Wort, das auf einen Vokal endet, entfällt dieser Vokal, wenn das nächste Wort auch mit einem Vokal oder mit h beginnt:

acerba ūva
sprich: *acerbūva*

2a **Synaloephe:** Endet ein Wort auf m, so fallen dieses m und der vorausgehende Vokal weg, wenn das nächste Wort mit einem Vokal oder mit h beginnt:

Sī vōcem habērēs
sprich: *sī vōcabērēs*

2b Aphärese: Die Aphärese ist ein Sonderfall der Synaloephe. Wenn auf ein Wort, das auf *m* endet, *es* oder *est*, (2. oder 3. Pers. Sg. Ind. Präs *esse*) folgen, so bleibt das Wort, das mit *m* endet, unverändert und von *es* oder *est* fällt das *e* weg:

persuāsum est
sprich: *persuāsumst*

Jambus – jambischer Senar

Die Gedichte des Phaedrus haben den jambischen Senar als Versmaß. Dieses Versmaß beruht auf einem bestimmten Versfuß, dem Jambus.

Ein Jambus ist eine Abfolge einer kurzen und einer langen Silbe: *dĭ-ēs* = ◡ —
Der jambische Senar ist nun nichts weiter als eine Folge aus sechs Jamben:

1	2	3	4	5	6
◡ —	◡ —	◡ —	◡ —	◡ —	◡ —

Allerdings ist es für einen Dichter sehr schwer, diese Abfolge immer einzuhalten. Deshalb kommt es regelmäßig vor, dass Kürzen und Längen ersetzt werden müssen. Dabei kann eine lange Silbe durch zwei kurze ersetzt werden, und eine kurze Silbe kann durch eine lange oder zwei kurze Silben ersetzt werden:

— → ◡◡ ◡ → — oder ◡◡ *Bsp.: fame co / āctā / vulpēs*

1.4 Grammatikalische und stilistische Besonderheiten

Das Werk des Phaedrus ist dem Bereich der Dichtung zuzuordnen. Dementsprechend finden wir in seinen Fabeln einige sprachliche Besonderheiten, die von dem Gebrauch in der Prosa abweichen.
Diese sprachlichen Besonderheiten lassen sich in zwei Gruppen einteilen: Zum einen sind es ungewöhnliche Formen, die von der Standardgrammatik des Lateinischen abweichen; zum anderen fallen bei Phaedrus des Öfteren bestimmte stilistische Eigenarten im Ausdruck oder eine ungewöhnliche Wortstellung auf. Vor allem die letztere Gruppe kann beim Übersetzen Schwierigkeiten bereiten, da sich dem Übersetzer gerade bei ungewöhnlichen Ausdrucksweisen (Stilmittel) der Sinn der Worte nicht unmittelbar erschließt.

Besondere Formen

1 Recht häufig verwendet Phaedrus im Perfekt und Plusquamperfekt verkürzte Verbformen. Bei Verben mit *v*-Perfekt lässt er im Aktiv die Binnensilben *-ve-* oder *-vi-* aus, z. B.:

I, 24	*Illī negārunt.*	statt	*Illī negā**vē**runt.* Jene verneinten.
I, 12	*quae laudāram*	statt	*quae laudā**ve**ram* … welche ich gelobt hatte …

2 Unser Autor benutzt bei mehreren Wörtern fast immer ihre Verkürzungen anstelle der eigentlichen Formen:

II,7	*nīl* statt *nihil*	*nīl amīsī* Ich habe nichts verloren.
II,7	*perīclum* statt *perīculum*	*perīclō sunt* „Sie dienen zur Gefahr." = Sie sind gefährlich.
I,19	*dein* statt *deinde*	*dein precēs admōvit* Daraufhin bedrängte sie sie mit Bitten
I,1	*hercle!* statt *herculēs!*	*pater hercle tuus* Dein Vater, beim Herkules,...
I,13	*comēsse* statt *comēdisse*	*comēsse vellet* Er wollte essen.

3 Anstelle des einfachen Wortes (Simplex) steht oft das zusammengesetzte (Kompositum), wie z.B.:

I, 3	*exōrnāre* statt *ōrnāre*	*sē exōrnāvit* Sie schmückte sich.

4 Das Verb *esse* wird mitunter durch *fore* ersetzt.

I,13	*fore* statt *esse*	*nūlla prior āles foret* Kein Vogel überträfe dich.

5 In den Fabeln findet sich gelegentlich *-ēre*, die seltenere Endung der 3. Person Plural Indikativ Perfekt Aktiv, statt *-erunt* z.B.:

I,5	*fuēre* statt *fuērunt*	*sociī fuēre cum leōne* „Mit dem Löwen waren sie Kameraden" = Sie waren die Kameraden des Löwen.

Besonderheiten im Stil und in der Wortstellung

1 Sehr häufig ist die Verwendung alternativer Bezeichnungen für ein und dasselbe Tier bzw. ein und dieselbe Person in Form einer Metonymie. Bei einer Metonymie *(dt. Umbenennung, Namensvertauschung)* ersetzt man einen Begriff durch einen anderen, der ihm gedanklich nahesteht.

I,1	*lāniger* statt *āgnus* *Wollträger* statt *Lamm*	*Lāniger contrā timens ...* Der Wollträger [sagte] dagegen ängstlich ...
I,1	*latrō incitātus* statt *lupus* *schneller Räuber* statt *Wolf*	*Latrō incitātus iūrgiī causam intūlit.* Der schnelle Räuber suchte einen Grund für einen Streit.
I,12	*ferus* statt *cervus* *wildes Tier* statt *Hirsch*	*Silva tum excēpit ferum.* Dann nahm der Wald das wilde Tier auf.

Mit der Verwendung anderer Bezeichnungen verfolgt der Autor jeweils eine bestimmte Aussageabsicht.

2 Häufig zu beobachten ist, dass ein Adjektiv auf ein anderes Substantiv bezogen wird, als es eigentlich richtig wäre (Enallage), z. B.:

I,13	*Dolōsa vulpēs avidīs rapuit dentibus.* Der listige Fuchs raubte mit gierigen Zähnen.	statt	*Dolōsa et avida vulpēs rapuit dentibus.* Der listige und gierige Fuchs raubte mit seinen Zähnen.

3 Sehr häufig steht die Konjunktion eines Nebensatzes oder ein Relativpronomen nicht unmittelbar am Beginn des Nebensatzes, sondern um mehrere Positionen nach hinten verschoben. Bei der Übersetzung stellen wir natürlich die übliche Wortstellung wieder her, die im Deutschen verlangt wird.

I,3	*..., pāvōnī quae dēciderant.* ..., einem Pfau die heruntergefallen waren.	statt	*..., quae pāvōnī dēciderant.* ..., die einem Pfau heruntergefallen waren.
IV,9	*..., lūce ut quiēscam.* ..., bei Tageslicht dass ich mich ausruhe.	statt	*..., ut lūce quiēscam.* ..., dass ich mich bei Tageslicht ausruhe.

4 Phaedrus benutzt mitunter ein Substantiv statt eines Adjektivs. Das Substantiv ist in seiner Bedeutung dann eher abstrakt, wohingegen das Adjektiv konkreter ist. Wir können bei der Übersetzung das dem Substantiv entsprechende Adjektiv verwenden.

I,13	*corvī stupor* die Dummheit des Raben	statt	*corvus stupidus* der dumme Rabe
I,5	*Sīc tōtam praedam sōla improbitās abstūlit.* So trug eine einzige Unverschämtheit die ganze Beute fort.	statt	*Sīc tōtam praedam solus improbus abstūlit.* So trug ein einziger Unverschämter die ganze Beute fort.

1.5 Eigenschaften der Tiere

Wir kennen ihn aus dem Märchen: den großen, bösen Wolf, der kleine Kinder oder andere Tiere frisst. Der einzige Grund, warum er das tut, ist oft einfach nur der, dass er eben der große böse Wolf ist. Sonst nichts.
Genauso wie der Wolf im Märchen haben die Tiere in Fabeln jeweils ganz typische charakterliche oder körperliche Merkmale, die einen wesentlichen Beitrag zum Inhalt der Fabeln leisten und die wichtig für die Interpretation sind.
Dies ist eine Liste der Tiere, die in diesem Band vorkommen. Ihnen sind ihre jeweiligen Eigenschaften gegenübergestellt, die für das Verständnis der Fabeln notwendig sind.

Biene	fleißig
Drohne	faul
Eber	rau böse
Esel	störrisch faul eigensinnig
Fliege	schmutzig nutzlos
Frosch	laut aufgeblasen sozial niedrigstehend
Fuchs	listig schlau schmeichlerisch
Hase	schnell ängstlich
Hirsch	schnell Jagdbeute majestätisch eitel
Hund	treu, folgsam gierig durchschaut Listen oft verachtet
Kranich / Storch	hat langen Schnabel
Kuh, Ochse, Stier	groß stark
Lamm	unschuldig lieb verspielt

Löwe	stark mutig mächtig, gefährlich willkürlich König der Tiere
Maultier	fleißig harter Arbeiter gleichgültig, stur duldsam
Maus	Schädling Beutetier
Pfau	schön singt nicht schön
Rabe, Krähe	singt nicht schön geschwätzig dumm, töricht Weissagevogel
Schaf	friedlich arglos schlicht schwach, wehrlos blindes, oft törichtes Folgen
Spatz	laut spöttisch
Wespe	aggressiv klug
Wiesel	wildes Raubtier
Wolf	Räuber böse
Ziegenbock, Ziege	kraftvoll stinkend tapfer dumm, töricht

1.6 Aufbau der Fabel als Literaturgattung

Die Fabeln der antiken Autoren sind, wie andere Literaturgattungen auch, nach einem festen Schema aufgebaut. Jedoch ist der Aufbau einer Fabel nicht unveränderlich vorgegeben, sondern es existieren bestimmte Elemente, die je nach Ablauf der Handlung verwendet werden. Das charakteristische Element der Gattung *Fabel* ist die Moral, welche in fast allen antiken Fabeln zu finden ist. Da sie nicht Teil der eigentlichen Handlung ist, steht die Moral folgerichtig entweder zu Beginn der Fabel oder am Ende, nie zwischendrin. Wir sprechen dabei je nach Position von einem *Promythion* oder einem *Epimythion*. Sie ist das einzige Element, das an verschiedenen Positionen stehen kann.
Die Reihenfolge der einzelnen Elemente ist fest und ergibt sich aufgrund des logischen Ablaufs. Je nach Fabel können einzelne Elemente fehlen, wenn sie für die Erzählung nicht notwendig sind. So z.B. in der Fabel IV, 3 – *Vulpēs et ūva* (Kap. 3.7). Da der Fuchs in dieser Fabel der einzige Akteur ist, kann es hier natürlich keine Reaktion eines Anderen geben.

	deutsche Bezeichnung	**lateinische/griechische Bezeichnung**
1.	voranstehende Moral	*Promythion*
2.	Ausgangssituation der Handlung	*Expositio*
3.	Rede – Auslösung der Handlung	*Actio*
4.	Gegenrede – zweiter Teil der Handlung	*Reactio*
5.	Ergebnis der Handlung	*Eventus*
6.	nachstehende Moral	*Epimythion*

Dieses Schema soll anhand der Fabel I, 22 – *Mustela et homo* verdeutlicht werden.

	Mustela et homo **– Das Wiesel und der Mensch**	**Aufbau**
1.	–	kein *Promythion*
2.	Als ein Wiesel, das von einem Menschen gefangen worden war, dem drohenden Tod entrinnen wollte, sagte es:	Ausgangssituation – *Expositio*
3.	„Verschone mich! Ich säubere Dir auch das Haus von den lästigen Mäusen."	Rede – *Actio*
4.	Jener antwortete: „Das könntest du meinetwegen machen. Es wäre mir angenehm, und ich würde deine Bitte gewähren. Da du aber nun arbeitest, um das, was sie annagen, selbst zu genießen, und sie zugleich noch verschlingst, kannst du von mir keine sinnlose Wohltat erwarten."	Gegenrede – *Reactio*
5.	Und sobald er dies gesagt hatte, tötete er das unverschämte Wiesel.	Ergebnis – *Eventus*
6.	Diejenigen müssen erkennen, dass diese Fabel gegen sie gerichtet ist, die nur aus Eigennutz etwas machen und mit diesem vergeblichen Verdienst unverschämt angeben.	nachstehende Moral – *Epimythion*

2 Hinweise zur Texterschließung

In den Aufgaben dieses Heftes spielen bestimmte Gesichtspunkte der Texterschließung eine entscheidende Rolle und wiederholen sich deswegen dort auch. Du kannst bei der Bearbeitung hier nachschlagen, wenn du dir einmal über die Bedeutung dieser Gesichtspunkte im Unklaren bist. Die Stichwörter dazu sind in der folgenden Aufstellung und in den Aufgaben durch ▶ deutlich gekennzeichnet:

▶ Antithesen

Das beherrschende Aufbauprinzip der Fabel ist die *Antithese*. Mit ihr werden häufig die Hauptakteure als Gegensatzpaare charakterisiert. Gegensätze können u.a. ausgedrückt werden

• durch Adjektive	z.B.	*magnus*	↔	*parvus*
• durch Partizipien	z.B.	*laudatus*	↔	*contemptus*
• durch Substantive	z.B.	*dominus*	↔	*servus*
• durch Verben	z.B.	*currere*	↔	*sedere*
• durch Adverbien	z.B.	*hic*	↔	*illic*

▶ Gliederungssignale

Die gedankliche Abfolge innerhalb eines Textes wird durch Gliederungssignale geordnet. Wichtige Gliederungssignale sind die *Konnektoren*, die Sätze miteinander verknüpfen.

Konnektoren können u.a. sein: *at, atque, ita, cum, deinde, ergo, novissime, quondam, rursus, sic, simul, subito, tandem, tum, tunc*

▶ Wortwiederholungen

Wiederholungen von Wörtern spielen eine wichtige Rolle bei der Feststellung von Zusammenhängen, die für das Textverständnis wichtig sind.

z.B.	*Cum* ***cāseum*** *comesse vellet …*	Als (der Rabe) den Käse essen wollte …
	„Si ***vōcem*** *haberes …"*	„Wenn du eine schöne Stimme hättest …"
	Dum vult ***vōcem*** *ostendere,*	Als (der Rabe) seine Stimme zeigen wollte,
	emisit ore ***cāseum*** *…*	verlor er den Käse aus dem Schnabel

Partizipialkonstruktionen

Eine Besonderheit des Lateinischen sind die *Partizipialkonstruktionen*, die einen Satzinhalt in sprachlich verkürzter Form wiedergeben. Bei der Übersetzung muss zumeist das inhaltliche Verhältnis zum Hauptprädikat (die Sinnrichtung) bestimmt und sprachlich ausgedrückt werden,

z. B.: *Servus ā dominō vocātus nōn vēnit.*

- konzessiv: Obwohl der Sklave gerufen worden war, ...
- temporal: Nachdem der Sklave gerufen worden war, ...
- kausal, modal, konditional – je nach Kontext (Sinnzusammenhang)

Pronomina

Innerhalb eines Textes bestehen Beziehungen durch Pronomina. Sie stehen stellvertretend „für" („pro") ein anderes Wort. Die 1. und 2. Person sind in einem Text meist leicht zu erkennen und auseinander zu halten. Doch in der 3. Person ist oft nicht eindeutig, wer gemeint ist. Daher ist es besonders wichtig, die Beziehung der Pronomina genau zu erkennen, damit man weiß, von wem oder wovon die Rede ist.

Pronomina sind u. a.:	*hic, haec, hoc* *ille, illa, illud* *is, ea, id*	Demonstrativpronomina
	qui, quae, quod	Relativpronomina

Wortfelder

Zu den Merkmalen einer Texteinheit gehören bestimmte *Wortfelder.* Jeder Text hat ein Thema, das Thema ist oft auch in Unterthemen aufgegliedert. Daher finden sich in einem Text/einer Texteinheit nur Wörter, die in irgendeiner Weise zur „Welt" des Themas gehören. Besonders deutlich wird das bei den so genannten Wortfeldern: Sie werden von Wörtern gebildet, die durch ihre Bedeutung besonders dicht beieinander stehen. So lassen sich zum Beispiel die Wörter *arbor, fluvius, flos, caelum, sol* usw. zum Wortfeld *natura* zusammenstellen.

Wortstellung im Satz

Die Wortstellung im lateinischen Satz ist weitgehend frei. „Frei“ heißt aber nicht „willkürlich“ oder „beliebig“, sondern ein Autor (oder Sprecher) setzt in der Aufeinanderfolge der Sätze die Wörter so, wie es dem Zusammenhang der Sätze und damit seiner Mitteilungsabsicht am besten entspricht. Er will, dass der Leser (Hörer) diese Absicht möglichst deutlich versteht (oder ihn aber bewusst in die Irre führen!). Dazu bedient er sich häufig besonderer stilistischer Ausdrucksmittel, die in auffallenden Lautfolgen oder in auffallenden Wortstellungen bestehen. Diese Stilmittel können wir selten verstehend nachempfinden, wohl aber untersuchen. Sie sind wichtig beim Verstehen eines Textes. Einige wichtige Redefiguren sind:

- **Alliteration:** Betonung mehrerer Worte durch gleichen Anfangsbuchstaben

unus **f** erebat **f** iscos cum pecunia

- **Parallelismus:** übereinstimmende Anordnung von Wortfolgen

A diripiunt – B nummos A neglegunt – B vile hordeum

- **Chiasmus:** Überkreuzstellung oder spiegelbildliche Anordnung

A mulum B sauciant

B diripiunt A nummos

- **Hyperbaton:** Trennung zusammengehöriger Worte

Muli gravati sarcinis ibant **duo**

Stark – schwach: Die Fabeln des Phaedrus

3

3.1 Wer zuletzt lacht, lacht am besten

Auch in Rom gab es natürlich arme Leute, die an den Rand der Gesellschaft abgedrängt wurden und ohne Ansehen lebten, still, bescheiden und von der Last der Armut gedrückt. Warum sie aber trotzdem Grund hatten, fröhlich und zufrieden zu sein, zeigt Phaedrus mit der folgenden Fabel von den zwei Maultieren.

Zur inhaltlichen Vorerschließung

1 „Zwei Maultiere gehen mühsam und schwer beladen ihren Weg". Der Dichter nennt weder Einzelheiten noch nähere Umstände über den Weg der Maulesel. Stelle Vermutungen darüber an, *warum* sie unterwegs sind, *wo* sie gehen, *wer* noch mit ihnen geht und *in welcher Anordnung* sie gehen.

Phaedrus II, 7 – Duo mūlī et latrōnēs → MP3

Online-Link 623160-0002

Mūlī gravātī sarcinīs ībant duo:
ūnus ferēbat fiscōs cum pecūniā,
alter tumentēs multō saccōs hordeō.
Ille onere dīves celsā cervīce ēminēns,
clārumque collō iactāns tintinnābulum.
Comes quiētō sequitur et placidō gradū.
Subitō latrōnēs ex īnsidiīs advolant,
interque caedem ferrō mūlum sauciant, –
dīripiunt nummōs, neglegunt vīle hordeum.
Spoliātus igitur cāsūs cum flēret suōs,
„Equidem", inquit alter, „mē contemptum[1] gaudeō.
Nam nīl[2] āmīsī, nec sum laesus vulnere."
Hōc argūmentō tuta est hominum tenuitās,
māgnae periclō[3] sunt opēs obnoxiae.

gravāre, gravō, gravāvī, gravātum beladen
sarcina, -ae *f.* Last
fiscus, -ī *m.* Korb
tumēns, -entis prall voll
saccus, -ī *m.* Sack
hordeum, -ī *n.* Gerste
cervīx, cervīcis *f.* Hals
ēminēns, -entis *hier:* stolz
tintinnābulum, -ī *n.* Klingel
advolāre herbeieilen
saucīre verwunden
spoliāre, spoliō, spoliāvī, spoliātum (aus)rauben
cāsus, -ūs *m.* *übersetze als Singular:* Unglück

argūmentum, -ī *n. hier*: Fabel
obnoxius, -a, -um ausgesetzt

1 **mē contemptum** *ergänze zu:* **mē contemptum esse** – 2 **nīl** = **nihil** – 3 **periclum** = **periculum**

GRUND- UND LERNWORTSCHATZ

mūlus, -ī *m.*	Maultier
onus, oneris *n.*	Last
celsus, -a, -um	hoch; hoch erhoben
collum, -ī *n.*	Hals
comes, comitis *m.*	Begleiter, Gefährte
quiētus, -a, -um	ruhig
ferrum, -ī *n.*	Eisen; Schwert
nummus, -ī *m.*	Münze
neglegere, neglegō, neglēxī, neglēctum	vernachlässigen; nicht beachten
vīlis, -e	billig, wertlos
laedere, laedō, laesī, laesum	stoßen; verletzen
ops, opis *f.*	Macht; Hilfe
opēs, opum *f. Pl.*	Streitkräfte; Mittel; Vermögen

Analyse und Interpretation

2 Suche alle Antithesen heraus, die du in dieser Fabel findest. ▶ **Antithesen** (S. 14)

3 Arbeite heraus, inwiefern auch zwischen dem Anfang und dem Ende der Fabel ein Gegensatz besteht.

4 Vor dem Überfall sind dem reichen *mulus* zwei Verse gewidmet, dem armen nur ein einziger. Begründe, warum es nach dem Überfall genau umgekehrt ist.

5 Erkläre den folgenden Ausspruch des römischen Philosophen Seneca: *„Der Schmerz, besitzlos zu sein, ist weit leichter zu ertragen als der, besitzlos zu werden!"*

3.2 Allzu keck liegt bald im Dreck

Menschen vergleichen sich ständig mit anderen und messen sich mit deren Fähigkeiten, was manchmal negative Folgen hat, wie Phaedrus mit der folgenden Fabel erklärt.

Zur inhaltlichen Vorerschließung

1 Beschreibe und erkläre den Eindruck eines Menschen, der die Welt um sich herum von unten, gewissermaßen aus der „Froschperspektive", betrachtet.

Phaedrus I, 24 – Rāna et bōs → MP3

Online-Link 623160-0002

Inops, potentem dum vult imitārī, perit.
In prātō quondam rāna cōnspexit bovem,
et tācta invidiā tantae māgnitūdinis
rūgōsam īnflāvit pellem. Tum nātōs suōs
interrogāvit an bove esset lātior.
Illī negārunt. Rūrsus intendit cutem
māiōre nīsū, et similī quaesīvit modō,
quis māior esset. Illī dīxērunt: „bovem."
Novissimē indīgnāta, dum vult validius
īnflāre sēsē, ruptō iacuit corpore.

inops, -opis *m.* Armer
perīre zugrunde gehen
prātum, -ī *n.* Wiese
rūgōsus, -a, -um faltig
inflāre, inflō, inflāvī aufblasen
pellis, pellis *f.* Haut
nātus, -ī *m. hier*: Kind

negārunt = negāvērunt
cutis, cutis *f.* Haut
nīsus, -ūs *m.* Anstrengung

indīgnatus, -a, -um empört

sēsē = *verstärktes* sē

GRUND- UND LERNWORTSCHATZ

rāna, -ae *f.*	Frosch
bōs, bovis *m. und f.*	*m.* Ochse, *f.* Kuh
dum *mit Ind.*	während, solange, bis
quondam *(Ad.)*	einmal, einst
cōnspicere, cōnspiciō, cōnspēxī, cōnspectum	erblicken
tangere, tangō, tetigī, tāctum	berühren
interrogāre, interrogō, interrogāvī, interrogātum	fragen
lātus, -a, -um	breit; weit
similis, -e	ähnlich
quaerere, quaerō, quaesīvī, quaesītum	suchen; (er-)fragen
validus, -a, -um	stark; gesund
rumpere, rumpō, rūpī, ruptum	(zer-)brechen; zerreißen
iacēre, iaceō, iacuī	liegen
corpus, corporis *n.*	Körper

Analyse und Interpretation

2 Nenne die Konnektoren, die den Handlungsablauf gliedern. ▶ **Gliederungssignale** (S. 14)

3 Suche alle Wörter heraus, die in dieser Fabel in variierter Form wiederholt werden. ▶ **Wortwiederholung** (S. 14)

4 Arbeite heraus, wie Phaedrus die immer größer werdende Anstrengung des Frosches beim Aufblasen sprachlich zum Ausdruck bringt.

5 Im Zentrum der Fabel stehen zwei kurze Dialoge mit den *nati*: Finde eine Begründung, weshalb Phaedrus gerade diese fragt.

6 Diskutiere: Was treibt einen Menschen dazu, die ihm gesetzten Grenzen zu überschreiten?

3.3 Des einen Freud, des andern Leid

Ein Fuchs gerät zufällig in eine fast aussichtslose Lage, aus der er sich aber durch einen Trick wieder befreien kann. Wie ihm das gelingt, erzählt Phaedrus in der folgenden Fabel.

Zur sprachlichen Vorerschließung

1 In der folgenden Fabel handeln „Fuchs“ *(vulpes)* und „Ziegenbock“ *(hircus)*. Ordne ihnen die folgenden Tätigkeiten zu:
evasit, sitiens, decidisset, rogavit, haerentem, clauderetur, liquit, devenit, se immisit, fraudem moliens

Phaedrus IV, 9 – Vulpēs et hircus

Homō in perīculum simulac venit callidus,
reperīre effugium quaerit alterīus[1] malō.
Cum dēcidisset vulpēs in puteum īnscia
et altiōre clauderētur margine,
dēvēnit hircus sitiēns in eundem locum.
Simul rogāvit, esset an dulcis liquor
et cōpiōsus, illa fraudem mōliēns:
„Dēscende, amīce. Tanta bonitās est aquae,
voluptās ut satiārī nōn possit mea.“
Immīsit sē barbātus. Tum vulpēcula
ēvāsit[1] puteō, nīxa celsīs cornibus,
hircumque clausō[4] līquit[3] haerentem vadō.

simulac sobald
callidus, -a, -um klug

dēcidere, dēcidō, dēcidī herunterfallen
īnscius, -a, -um *hier:* unachtsam
margō, marginis *m./f.* Rand
dēvenīre, dēveniō, dēvēnī kommen
sitīre Durst haben
cōpiōsus, -a, -um reichlich vorhanden

bonitās, -ātis *f.* Güte
sē immittere, immittō, immīsī hineinspringen
barbātus, -ī *m.* der Bärtige = der Ziegenbock
vulpēcula, -ae *f.* Füchslein
nītī, nītor, nīxus sum sich stützen (auf)
haerēre stecken(bleiben)
vadum, -ī *n.* Tiefe des Brunnens

1 Bei **alterīus** ist das **ī** ausnahmsweise lang. – 2 **ēvāsit puteō** *ergänze zu:* **ēvāsit ē puteō** – 3 **līquit = relīquit** – 4 **clausō … vadō** *ergänze zu:* **in clausō vadō**

GRUND- UND LERNWORTSCHATZ

vulpēs, vulpis *f.*	Fuchs
hircus, -ī *m.*	Ziegenbock
reperire, reperiō, repperī, reppertum	finden, wiederfinden
effugium, -ī *n.*	Ausweg; Flucht, Rettungsmöglichkeit
puteus, -ī *m.*	Brunnen
claudere, claudō, clausī, clausum	abschließen; einschließen
locus, -ī *m.*	Ort, Platz, Stelle
liquor, -ōris *m.*	Flüssigkeit; Wasser
fraus, fraudis *f.*	Betrug; Schaden
mōlīrī, mōlior, mōlītus sum	(an)treiben; unternehmen; beabsichtigen, planen
satiāre, satiō, satiāvī, satiātum	sättigen; stillen
ēvādere, ēvādō, ēvāsī, ēvāsum	herausgehen; entkommen; auf etwas hinauslaufen
cornu, -ūs *n.*	Horn; Heeresflügel; *Pl. auch* Geweih

Analyse und Interpretation

2 Bestimme das inhaltliche Verhältnis zwischen den Partizipien und den jeweiligen Prädikaten. ▶ **Partizipialkonstruktionen** (S. 15)

a) devenit hircus *sitiens*

b) illa fraudem *moliens*

c) vulpecula evasit *nixa* cornibus

d) hircum liquit *haerentem*

e) *clauso* vado

3 Suche in dieser Fabel jeweils ein Beispiel für *Parallelismus, Hyperbaton, Alliteration* und *Chiasmus.* ▶ **Wortstellung im Satz** (S. 16)

4 Stelle den Charakter von Fuchs und Ziegenbock, ihre Handlungsweise und das Ergebnis ihres Tuns einander gegenüber.

5 Gliedere die Fabel anhand der verwendeten Konnektoren.

6 Sammle die lateinischen Ausdrücke für Fuchs, Ziegenbock und Brunnen / Wasser.

7 *Homo in periculum simulac venit callidus, reperire effugium quaerit alterius malo.* Wie ist ein *homo callidus* zu bewerten, der einen anderen schädigt? Betrachte die Problematik aus der Sicht des Fuchses und des Bocks, und beurteile ein derartiges Verhalten.

3.4 Durch Schaden wird man klug

In dieser Fabel wird erzählt, wie ein Hirsch dazu kommt, seine Meinung über seine körperlichen Vorzüge und Schwächen zu ändern.

Zur sprachlichen Vorerschließung

1 Suche im Text der folgenden Fabel die Ergänzungen zu den Prädikaten *restitit, vidit, laudat, vituperat, fugere coepit, elusit, lacerari coepit, edidisse dicitur*. Frage jeweils „wo?“ „was?“ „wen?“ „wohin?“ und „wodurch?“, notiere die Antworten und übersetze das so entstandene Textgerüst.

Phaedrus I, 12 – Cervus ad fontem

Ad fontem cervus, cum bibisset, restitit,
et in liquōre vīdit effigiem suam.
Ibī dum rāmōsa mirāns laudat cornua
crūrumque nimiam tenuitātem vituperat.
Vēnantum subitō vōcibus conterritus
per campum fugere coepit, et cursū levī
canēs ēlūsit. Silva tum excēpit ferum.
In quā retentīs impedītus cornibus
lacerārī coepit morsibus saevīs canum.
Tum moriēns ēdidisse[1] vōcem hanc dīcitur:
„Ô mē īnfēlicem[2], quī nunc dēmum intellegō,
ūtilia mihi quam fuerint, quae dēspēxeram,
et, quae laudāram[3], quantum lūctūs habuerint.“

effigiēs, -ēī *f.* Bild
ramōsus, -a, -um vielverzweigt
crūs, crūris *n.* Bein
tenuitās, -ātis *f.* Dünne
conterrēre, conterreō, conterruī, conterritum erschrecken
cursus, -ūs *m.* Lauf
ēlūdere, ēlūdō, ēlūsī *mit Akk.* ausweichen
ferus, -ī *m.* wildes Tier

lacerāre zerfleischen
morsus, -ūs *m.* Biss
dīcitur man sagt
quam wie
dēspicere, dēspicio, dēspēxī verachten
quantum lūctūs wieviel Unglück

1 **ēdidisse vōcem hanc dīcitur** *ordne zu:* **hanc vōcem ēdidisse dīcitur** – 2 **ō mē īnfēlicem** *Akkusativ des Ausrufs, übersetze als Nominativ* – 3 **laudāram = laudāveram**

GRUND- UND LERNWORTSCHATZ

cervus, -ī *m.*	Hirsch
fōns, fontis *m.*	Quelle
resistere, resistō, restitī	stehen bleiben; Widerstand leisten
mīrārī, mīror, mīrātus sum	sich wundern; bewundern
nimius, -a, -um	zu (groß), sehr (groß)
vituperāre, vituperō, vituperāvī, vituperātum	tadeln
vēnārī, vēnor, vēnātus sum	jagen, auf die Jagd gehen
fugere, fugiō, fūgī, fugitum	fliehen; meiden
levis, -e	leicht; geringfügig; leichtsinnig
silva, -ae *f.*	Wald
canis, canis *m./f.*	Hund
morī, morior, mortuus sum	sterben
dēmum	schließlich, endlich; erst

Analyse und Interpretation

2 Sammle aus der Fabel alle Ausdrücke zum Wortfeld *Jagd.* ▶ **Wortfelder** (S. 15)
3 Beschreibe den Aufbau der Fabel. Mit welchem Wort leitet Phaedrus die Gegenhandlung ein?
▶ **Gliederungssignale** (S. 14)
Belege die Antithese zwischen dem Anfang und dem Ende der Fabel.
4 Zeige, wie die beiden für die Fabel zentralen Wörter am Ende der Fabel noch einmal wiederholt werden.
5 Bestimme das inhaltliche Verhältnis zwischen den Partizipien und den jeweiligen Prädikaten ▶ **Partizipialkonstruktionen** (S. 15):
   a) ibi dum ramosa *mirans* laudat cornua
   b) subito vocibus *conterritus* per campum fugere coepit
   c) tum *moriens* vocem hanc edidisse dicitur
6 Bestimme folgende Stilmittel ▶ **Wortstellung im Satz** (S. 16):
   a) *cornua crurumque*
   b) *ramosa … cornua*
   c) *quam … quae – quae … quantum*
7 Formuliere die Moral dieser Fabel.

Vergleichstext: Der Hirsch sah sich im Bach (Johann Gottfried Herder, 1744–1803)

in: Johann Gottfried Herder: Werke. Erster Theil. Gedichte, Berlin 1879, S. 323.

Der Hirsch sah sich im Bach:
„Wie prächtiges Geweih! –
Und ei,
Wie dürre Beine!
Sind sie auch meine?“
Die Jagd klang nach;
Nun auf die Beine!
Die dürren Läuft’ sind sein,
Sie retten ihn; sein prächtiges Geweih
Hängt im Gesträuch;
Der Jäger hat ihn gleich.
Verachte nicht Dein armes Sein,
Dein Glück!
Erhebe nicht den leeren Schein,
Dein Unglück!
Im Mangel, nicht im Ueberfluß
Keimt der Genuß.

Analyse und Interpretation

1 Arbeite heraus, wie Herder die Fabel deutet.
2 Begründe, weshalb du dieser Deutung zustimmst oder nicht.

3.5 Kleider machen Leute

Vielleicht kennst du die Redewendung *sich mit fremden Federn schmücken*. Woher sie kommt, kannst du in der folgenden Fabel nachlesen.

Zur inhaltlichen Vorerschließung

1 Beschreibe die Gefühle, die die Krähe beim Anblick des stolzen Pfaus hat.

Phaedrus I, 3 – Grāculus superbus et pāvō → MP3

Online-Link 623160-0002

Nē glōriārī libeat aliēnīs bonīs,
suōque potius habitū vītam dēgere,
Aesōpus[1] nōbīs hoc exemplum prōdidit.
Tumēns inānī grāculus superbiā
pinnās, pāvōnī quae dēciderant, sustulit,
sēque exōrnāvit. Deinde contemnēns suōs
sē immiscuit pāvōnum fōrmōsō gregī;
illī impudentī pinnās ēripiunt avī,
fugantque rōstrīs. Male mulcātus grāculus
redīre maerēns coepit ad proprium genus,
ā quō repulsus trīstem sustinuit notam.
Tum quīdam ex illīs, quōs prius dēspēxerat:
„Contentus nostrīs sī fuissēs sēdibus
et, quod nātūra dēderat, voluissēs patī,
nec illam expertus essēs contumēliam
nec hanc repulsam tua sentīret calamitās.“

glōriārī sich rühmen
vītam dēgere sein Leben verbringen

tumēre aufgeblasen sein
inānis, -e grundlos
pinna, -ae *f.* Feder
dēcidere, decidō, decidī herunterfallen
sē exōrnāre sich schmücken
sē immiscēre *mit Dat.* sich unter (eine Gruppe) mischen
fōrmōsus, -a, -um schön
impudēns unverschämt
rōstrum, -ī *n.* Schnabel
male mulcātus übel zugerichtet
maerēre traurig sein
repellere, repellō, reppulī, repulsum abweisen
nota trīstis schmerzliche Beschimpfung
prius früher
dēspicere, dēspicio, dēspēxī verachten
experīrī, experior, expertus sum erleiden
contumēlia, -ae *f.* Beschimpfung
repulsa, -ae *f.* Abweisung

1 Äsop war ein berühmter Fabeldichter, der um 600 v. Chr. in Griechenland lebte. Er war das Vorbild von Phaedrus (→ S. 6).

GRUND- UND LERNWORTSCHATZ

grāculus, -ī *m.*	Krähe
pāvō, -ōnis *m.*	Pfau
libet, libuit	es beliebt, es gefällt
habitus, -ūs *m.*	Haltung; Aussehen; Zustand; (Lebens-)Umstände
superbia, -ae *f.*	Stolz
tollere, tollō, sustulī, sublātum	aufheben, hochheben; beseitigen
contemnere, contemnō, contempsī, contemptum	verachten
grex, gregis *m.*	Herde
redīre, redeō, rediī, reditum	zurückgehen, zurückkehren; hingelangen
maerēre, maereō, maeruī	trauern, betrauern
incipere, incipiō, coepī, inceptum	anfangen, beginnen
sentīre, sentiō, sēnsī, sēnsum	fühlen, merken; gesinnt sein

Analyse und Interpretation

2 Belege am Text, wer gemeint ist mit a) *illi* (Vers 8) b) *a quo* (Vers 11) c) *ex illis* (Vers 12)
▶ **Pronomina** (S. 15)

3 Nenne jeweils den Gegensatz zu *se exornavit; contemnens suos; proprium genus; se immiscuit.*
▶ **Antithesen** (S. 14)

4 Gliedere die Fabel anhand der Handlungsträger.

5 Nenne aus dieser Fabel die Ausdrücke für a) *verachten* b) *vertreiben*

6 Bestimme das inhaltliche Verhältnis zwischen den Partizipien und den jeweiligen Prädikaten: ▶ **Partizipialkonstruktionen** (S. 15)
a) *tumens* inani superbia pinnas sustulit
b) deinde *contemnens* suos se immiscuit
c) male *mulcatus* graculus
d) redire *maerens* coepit
e) a quo *repulsus* tristem sustinuit notam

7 Sammle alle Ausdrücke, die zum Wortfeld *Trauer* gehören. ▶ **Wortfelder** (S. 15)

8 Erkläre, wovor Phaedrus mit dieser Fabel warnt.

9 Diskutiert, in welchen Situationen wir uns heute angesprochen fühlen können.

10 Beziehe das Bild unten auf die Fabel.

Vergleichstext: Die Pfauen und die Krähe (Gotthold Ephraim Lessing, 1729 – 1781)

Lessing, Fabeln, 2. Buch VI, *in:* Lessing, Gotthold Ephraim, Das dichterische Werk, Bd. I, München, dtv, 1979, S. 255

Eine stolze Krähe schmückte sich mit den ausgefallenen Federn der farbigen Pfaue und mischte sich kühn, als sie gnug geschmückt zu sein glaubte, unter diese glänzenden Vögel der Juno. Sie ward erkannt; und schnell fielen die Pfaue mit scharfen Schnäbeln auf sie, ihr den betrügerischen Putz auszureißen.

Lasset nach! schrie sie endlich, ihr habt nun alle das Eurige wieder. Doch die Pfaue, welche einige von den eignen glänzenden Schwingfedern der Krähe bemerkt hatten, versetzten: Schweig, armselige Närrin, auch diese können nicht dein sein! – und hackten weiter.

Analyse und Interpretation

1 Vergleiche die Texte von Phaedrus und Lessing. Was hat Lessing von Phaedrus übernommen, was hat er weggelassen und was hat er hinzugefügt?

2 Zeige, wie sich bei Lessing die Moral der Fabel gegenüber Phaedrus verändert hat.

3.6 Wer gut schmeert, der gut fährt

In dieser Fabel schildert Phaedrus, wie ein schlauer Fuchs durch eine List an fremden Besitz gelangt.

Zur inhaltlichen Vorerschließung

1 Bevor du die Fabel vom Fuchs und dem Raben übersetzt, schreibe auf, wodurch sich deiner Meinung nach die beiden Eigenschaften „listig" und „klug" unterscheiden.

Phaedrus I, 13 – Vulpēs et corvus → MP3

Online-Link 623160-0002

Quae[1] sē laudārī gaudent verbīs subdolīs,
sērae dant poenās turpī paenitentiā.
Cum dē fenestrā corvus raptum cāseum
comēsse[2] vellet, celsā residēns arbore,
vulpēs invīdit[3], deinde sīc coepit loquī:
„Ô quī tuārum, corve, pinnārum est nitor!
Quantum decoris corpore et vultū geris!
Sī vōcem habērēs, nūlla prior āles foret."
At ille, dum etiam vōcem vult ostendere,
lātō ōre[4] ēmīsit cāseum. Quem celeriter
dolōsa vulpēs avidīs rapuit dentibus.
Tum dēmum ingemuit corvī dēceptus stupor.

subdolus, -a, -um trügerisch
paenitentia, –ae *f.* Reue

fenestra, -ae *f.* Fenster
cāseus, -ī *m.* Käse
comedere essen
residēre sitzen

pinna, -ae *f.* Feder

prior vortrefflicher
āles, ālitis *f.* Vogel

ēmittere, ēmittō, ēmīsī *hier:* fallen lassen
ingemīscere, ingemīsco, ingemuī seufzen
stupor, -ōris *m.* Dummheit

1 Quae *ergänze zu:* Ālites, quae – **2** comēsse = comedere – **3** vulpēs invīdit *ergänze zu:* vulpēs ei invīdit – **4** lātō ōre *ergänze zu:* ē lātō ōre

GRUND- UND LERNWORTSCHATZ

corvus, -ī *m.*	Rabe
sērus, -a, -um	spät, zu spät
turpis, -e	hässlich; schändlich
rapere, rapiō, rapuī, raptum	rauben; entreißen
loquī, loquor, locūtus sum	sprechen, sagen
nitor, -ōris *m.*	Glanz; Schönheit
decus, decoris *n.*	Ehre, Würde; Schmuck
ostendere, ostendō, ostendī, ostentum	zeigen; erklären
ōs, ōris *n.*	Mund; Gesicht
dolōsus, -a, -um	listig
avidus, -a, -um	gierig

Analyse und Interpretation

2 Stelle den Aufbau der Fabel dar (*Ausgangssituation, Handlung, Gegenhandlung, Ergebnis*). Durch welche Konnektoren werden die einzelnen Teile zu einem Handlungszusammenhang verbunden? Wie verteilen sich dabei die Handlungsträger *vulpes* und *corvus*?

▶ **Gliederungssignale** (S. 14)

3 Nenne die menschlichen Eigenschaften, die durch die beiden Tiere hervorgehoben werden.

4 Zeige, wie in den Versen 3 – 4 und 6 – 8 das *klanglose Krächzen* des Raben lautmalerisch angedeutet wird.

5 Was glaubst du, auf wessen Seite der Dichter steht? Begründe deine Meinung.

6 Was wäre, wenn der Rabe nicht einen *Käse*, sondern ein Stück *vergiftetes Fleisch*, das ein erzürnter Gärtner für die Katzen seines Nachbarn hingeworfen hätte, in seinen Krallen hielte: Schreibe die Fabel neu, und erfinde dazu eine Moral.

Vergleichstexte 1 (James Thurber, 1894 – 1961)

in: 75 Fabeln für Zeitgenossen, James Thurber, 21. Aufl., Hamburg 2006, Rowohlt Verlag GmbH, S.108 – 110

A Von einem lieblichen Duft angelockt, ging ein Fuchs immer der Nase nach und kam zu einem Baum, auf dem ein Rabe mit einem Stück Käse im Schnabel saß. „Käse?“ sagte der Fuchs verächtlich. „Das ist ja Mäusefutter.“
Der Rabe hob die Krallen und nahm den Käse aus dem Schnabel. „Du verabscheust immer das, was du nicht haben kannst“, bemerkte er. „Trauben zum Beispiel.“
„Trauben sind etwas für Vögel“, erwiderte der Fuchs sehr von oben herab. „Ich bin ein Epikureer, ein Gourmet, ein Gastronom.“
Der Rabe schämte sich, dass ein so großer Feinschmecker ihn Mäusefutter essen sah, und in seiner Verlegenheit ließ er den Käse fallen. Der Fuchs schnappte den Bissen geschickt auf, verschlang ihn mit Behagen, sagte höflich „merci“ und trollte sich.

B Ein Fuchs hatte all seine Überredungskünste spielen lassen, ohne dass es ihm gelungen war, den Raben auf dem Baum mit schmeichlerischen Reden dahin zu bringen, dass er den Schnabel öffnete, in dem er ein Stück Käse hatte. Plötzlich aber plumpste der Käse vor dem erstaunten Fuchs ins Gras, und gleich darauf erschien der Bauer, aus dessen Küche der Rabe den Leckerbissen gestohlen hatte. Er trug ein Gewehr in der Hand und hielt Ausschau nach dem Räuber. Der Fuchs machte schleunigst kehrt und flüchtete in den Wald. „Da rennt er, der diebische Sohn einer Füchsin!" rief der Rabe, der – wie vielleicht nicht allgemein bekannt ist – aus größerer Entfernung als sonst jemand das Glitzern eines Gewehrlaufs im Sonnenlicht sehen kann.

C Diesmal war der Fuchs entschlossen, den Raben gründlich hereinzulegen. Er blieb seelenruhig stehen, als der Bauer mit einem Gewehr erschien und Ausschau nach dem Räuber hielt.
„Die Zahnabdrücke in dem Käse sind meine", sagte der Fuchs, „aber die Schnabelabdrücke stammen von dem wahren Schuldigen dort oben im Baum. Ich überreiche hiermit ergebenst Beweisstück A, nämlich den Käse, und wünsche Ihnen sowie dem Übeltäter einen wunderschönen guten Tag." Damit zündete er sich eine Zigarette an und schlenderte davon.

D Der ehrwürdigen Tradition folgend, ließ sich der Rabe, der mit einem Stück Käse im Schnabel auf dem Baum saß, zum Singen überreden, und sogleich fiel der Käse dem Fuchs vor die Füße.
„Du singst wie eine rostige Säge", sagte der Fuchs grinsend, aber der Rabe tat, als hätte er nichts gehört. „Schnell", rief er, „gibt mir den Käse zurück! Dort hinten kommt der Bauer mit seinem Gewehr!"
„Warum soll ich dir denn den Käse zurückgeben?" fragte der schlaue Fuchs.
„Weil der Bauer auf den schießen wird, der den Käse hat, und ich kann ihm leichter entwischen als du."
In seiner Angst warf der Fuchs den Käse zu dem Raben hinauf. Der schwarze Vogel verzehrte ihn mit Genuss und sagte: „Du meine Güte, entweder spielen meine Augen mir einen Streich, oder ich spiele dir einen Streich. Welche Möglichkeit hältst du für wahrscheinlicher?" Er bekam keine Antwort, denn der Fuchs hatte sich still und heimlich davongeschlichen.

Analyse und Interpretation

1 Vergleiche die Variationen mit der ursprünglichen Fabel:
   a) Welche Elemente sind allen Fabeln gemeinsam?
   b) Welche Elemente sind bei den Fabeln jeweils anders?
2 Welche Fabel gefällt dir am Besten? Begründe deine Wahl.
3 Die vier Variationen haben weder *Promythion* noch *Epimythion*. Entwirf zu jeder Variation jeweils eine Moral.
4 Es gibt noch weitere Möglichkeiten, das Thema von dem Fuchs und dem Raben zu variieren. Entwirf eine eigene Variation dazu.

Vergleichstext 2: Der Rabe und der Fuchs (Henri Richer, 1685 – 1748)

in: H Lindner, Fabeln der Neuzeit, Wilhelm Fink Verlag, München 1978. S. 286 (Übersetzung: H. Lindner)

Meister Rabe, der sah, wie Meister Fuchs ein Stück Speck im Maul trug, sagte zu ihm: „Was hast du denn da, Kamerad? Meiner Meinung nach ist das aber ein sehr schlechtes Gericht. Ich hielt deinen Geschmack für feiner. Dass du dich an Speck hältst, wo du viel Besseres zum Fressen haben könntest! Du bist mir aber ein armer Schlucker. Schau dir doch mal gleich in der Nähe diese Hühner, diese Enten an. Das ist das wahre Wildbret für die Herren Füchse. Hast du denn ganz deine alten Heldentaten vergessen? Früher warst du mir doch als ein Oberschlawiner bekannt. Glaube mir, lass deinen Speck liegen; diese Hühner sind dir sicher, wenn du nur ein Viertel deiner Geschicklichkeit einsetzt.“ Derart hofiert lässt Meister Fuchs – der Schmeichelei zugänglich wie jedes andere Tier – seine Beute fallen und verlegt sich auf eine neue; aber seine Schläue und Gewandtheit nützten nichts; denn die geflügelte Schar erreichte rechtzeitig den Hühnerstall, ihr gewohntes Asyl. Unser Fuchs kehrt zu seinem ersten Stück zurück; aber es beschämte ihn sehr, sehen zu müssen, wie Meister Rabe, auf dem Ast eines dürren Baumes sitzend, es fraß und zu ihm sagte: „Auf einen Gauner kommen anderthalbe, mein Freund, erinnerst du dich an den Käse, den du mir dieser Tage mit einer List entrissen hast? Damals war ich der Dumme; nun bist du dran.“

Analyse und Interpretation

1 Vergleiche die Struktur der Richer-Fabel mit der des Phaedrus.

2 Formuliere eine Moral der Fabel.

Vergleichstext 3: Tierverse (Bertolt Brecht, 1898 – 1956)

Bertolt Brecht, Gedichte 1934–1941, Gedichte Bd. V, In Sammlungen nicht enthaltene Gedichte, Gedichte und Lieder aus Stücken, Suhrkamp-Verlag, Frankfurt am Main 1964. S. 38

Es war einmal ein Rabe,
Ein schlauer alter Knabe
Dem sagte ein Kanari, der
In seinem Käfig sang: Schau her
Von Kunst
Hast du keinen Dunst.
Der Rabe sagte ärgerlich:
Wenn du nicht singen könntest
Wärst du so frei wie ich.

Analyse und Interpretation

1 Vergleiche den Brecht-Text mit der Phaedrus-Fabel und arbeite heraus,
   a) was Brecht geändert hat,
   b) wie er die beiden Tiere charakterisiert,
   c) welchen Gegensatz die beiden Tiere verkörpern.

3.7 Der Klügere gibt nach

Zur inhaltlichen und sprachlichen Vorerschließung

Wobei handelt es sich im Folgenden um das Subjekt, wobei um das Prädikat und wobei um ein Objekt? Suche zu jedem Satzteil aus den übrigen Wortblöcken eine Ergänzung: *appetebat* (er strebte nach) – *summis saliens viribus* (springend) – *vulpes* (Fuchs) – *alta in vinea* (im hohen Weinstock) – *uvam* (Weintraube) – *fame coacta* (vom Hunger getrieben)

In dieser Fabel erzählt Phaedrus, wie ein Fuchs mit seinem Misserfolg umgeht.

Phaedrus IV, 3 – Vulpēs et ūva → MP3

Online-Link 623160-0002

Fame coācta vulpēs altā in vīneā
ūvam appetēbat, summīs saliēns vīribus.
Quam tangere ut nōn potuit, discēdēns ait:
„Nōndum mātūra es. Nōlō acerbam sūmere."
Quī, facere quae nōn possunt, verbīs ēlevant,
adscrībere hoc dēbēbunt exemplum sibi.

vīnea, -ae *f.* Weinberg
salīre springen
ut *mit Ind. hier:* als
mātūrus, -a, -um reif
ēlevāre, ēlevō verkleinern; herabsetzen
sibi adscrībere auf sich selbst beziehen

GRUND- UND LERNWORTSCHATZ

famēs, -is *f.*	**Hunger**
cōgere, cōgō, coēgī, coāctum	zusammenbringen; zwingen
ūva, -ae *f.*	**Traube**
summus, -a, -um	höchster, oberster; letzter
vīs, vim, vī *f.*	Kraft; Gewalt
discēdere, discēdō, discessī, discessum	auseinander gehen; weggehen
acerbus, -a, -um	scharf; rau; bitter; sauer

Analyse und Interpretation

1 Beschreibe den Aufbau der Fabel.
2 Zeige am lateinische Text, wer bzw. was mit … gemeint ist.
 – *quam* – *qui* – *quae*
3 Bestimme und begründe das inhaltliche Verhältnis (die Sinnrichtung) zwischen Partizip und Prädikat:
 – fame *coacta* vulpes uvam appetebat, summis *saliens* viribus
 – *discedens* ait
 ▶ **Partizipialkonstruktionen (S. 15)**
4 Zeige die Handlungsweisen, die einander antithetisch gegenüberstehen.
 ▶ **Antithesen (S. 14)**
5 Nenne die beiden Gründe für den Verzicht des Fuchses und beurteile sie.
6 Vergleiche das Verhalten des Fuchses in dieser Fabel mit seinem Verhalten in der Fabel I, 13.
7 Finde heraus, zu welchem Verhalten die Fabel rät.
8 Finde Alternativen zum Verhalten des Fuchses. Welche würdest du wählen?

Vergleichstext 1: Kurzer Prozess (H. Arntzen, geb. 1931)

in: Arntzen, H., Kurzer Prozess, Nymphenburger Verlagsbuchhandlung, München, 1996, S. 62

An dem Weinstock, dessen Trauben er einst als zu sauer erklärt hatte, kam der Fuchs, alt geworden, wieder vorbei.
Nun hingen die Beeren ihm fast ins Maul.
Welch jämmerliche Art, mein Urteil beeinflussen zu wollen, sagte der Fuchs und ging vorüber.

Analyse und Interpretation

1 Vergleiche die Texte. Welche Elemente hat Arntzen von Phaedrus übernommen, welche hat er neu hinzugesetzt?
2 Begründe, warum der Fuchs auch diesmal nicht nach den Beeren schnappt.

Vergleichstext 2: Der Fuchs und der Rabe (J. A. Schlegel, 1721–1793)

in: Becker, K. W., Deutsche Fabeln aus neun Jahrhunderten, Reclam-Verlag, Leipzig, 1991, S. 205–207

Ein Fuchs ging aus, sich umzusehn,
Ob ihm von ohngefähr kein Huhn begegnen wollte
Und ob kein Rab ihm zu Gebote stehn
Und nur für ihn gestohlen haben sollte.
Doch diesmal schiens ihm nicht wie sonst nach Wunsch zu gehn:
So scharf sein Auge sah, wusst er nichts auszuspähn.

Da er bereits umsonst viel Felder durchgestreifet,
Erblicket er ein Försterhaus,
An dessen Wand dehnt sich ein breiter Weinstock aus,
Der eine Traube trägt, die sich zu einem Schmaus
Vor allen andern schickt; er macht den Schluss daraus:
Sie sei für ihn so früh gereifet.

Die Wahl bewies, dass er in dem, was köstlich schmeckt,
Nichts wen'ger als ein Neuling wäre
Und brachte seiner Einsicht Ehre.
Die Traube hing ganz unbedeckt
Und, durch kein Laub dem Sonnenstrahl versteckt,
War sie des Weinstocks Pracht und milder aufgeschwollen.
Der Fuchs, der in dem Wahn, er brauche nur zu wollen,
Sie mit den Augen schon verschlang,
Sprang nach ihr auf und dehnte sich und sprang.
Nach dem Versuch noch viel vergebner Sprünge
Sah er erst ein (wer sieht gleich alles ein?
Nur sollten Füchse weiser sein,
Die ihrer List so gern sich freun.)
Sah er erst ein, dass sie zu hoch für Füchse hinge.

Der Rabe, welchen einst sein Lob
So meisterlich betrog, als lügenhaft erhob,
Sitzt auf dem nächsten Baum, sieht sich gerächt und lacht.
„Wie schmecken", ruft er aus, „in diesem Jahr die Trauben?"

Ei, ei! Herr Fuchs, wer sollte das wohl glauben,
Ein Held, der sich, wie du, durch List berühmt gemacht,
Gibt auf sich selbst so wenig acht
Und unternimmt, eh er es überdacht.
Tät ichs, so würd ich ausgelacht.
Sahst du denn nicht die Höh des Weinstocks und der Mauer?
Als du mich einst zum Pfaue logst
Und um den Käse mich betrogst, Freund, damals warst du schlauer."

Der Fuchs, dem dies zu Herzen geht,
Spricht schnöde, da er sich zum Tadler seitwärts dreht:
„Ein Rabe spricht, wie er's versteht.
Freund wisse, dass gewiss uns Füchsen nichts entgeht,
Was man nur nicht verschmäht.
Ich mag die Traube nicht; ich seh es, sie ist sauer."

Indem er sich bemüht, den Unmut zu verstecken,
Erblickt er nah bei sich ein Huhn. Ein Huhn?
Das sollte wohl so gut als Trauben schmecken!
Wie wenig hat zudem ein Fuchs dabei zu tun.
Wie leicht ist das erhascht, gewürget und verzehret.

Nur merkt das Huhn zu bald die üble Nachbarschaft
Und fliegt sogleich mit aller Kraft,
Die ihm die Furcht vor seinem Feind gewähret,
Dem nahen Hühnerhause zu.
Der Bauherr hatte nicht durch angelegte Stiegen
Für einen Fuchs gesorgt, der etwa zum Vergnügen
Ein Huhn sich holen will.
Er mag sich drehn und schmiegen
Und springen, wie er kann: das Haus bleibt unerstiegen.
Aus seiner Höhe sah das sichre Huhn in Ruh,
Wie er nach ihm hinauf mit stummer Wehmut blickte
Und, obwohl ungern, sich zuletzt zum Abzug schickte.

Indem der Fuchs, der von den Sprüngen keicht,
Den Kopf zur Erde hängt und mit betrübtem Herzen
Beim Raben still vorüber schleicht,
Verfolgt ihn der mit seinen Scherzen.
Er spricht: „Weißt du, dass sich's für keinen Helden schickt,
Dass er den Kopf zur Erde bückt?
Ein Meister in der List trägt stets sein Haupt erhaben.
Man dächte, wenn man dich erblickt,
Dass diesmal dich im Ernst ein schwaches Huhn berückt:
Dies wär ein Schimpf für deine Gaben.

So denkt man nur, wenn man's nicht recht versteht
Und das nicht weiß, dass euch, euch Füchsen, nichts entgeht,
Was ihr nur nicht verschmäht.
Das Huhn war mager, Freund. Du mochtest es nicht haben."

Analyse und Interpretation

1 Beschreibe die Rollen des Raben und des Fuchses.

3.8 Undank ist der Welt Lohn

Phaedrus erzählt von einem leidenden Wolf (lupus, -i *m.*), der sich in seiner Not von einem Kranich (gruis, gruis *f.*) helfen lässt.

Zur inhaltlichen Vorerschließung

1 Zeige am lateinischen Text, auf wen sich die folgenden Aussagen beziehen: *magno dolore victus est, coepit singulos illicere, persuasa est, credidit gulae, fecit longitudinem colli medicinam, flagitabat praemium, ingrata es.*

Phaedrus I, 8 – Lupus et gruis

Quī pretium meritī ab improbīs dēsīderat,
bis peccat: prīmum quoniam indīgnōs adiuvat,
impūne[1] abīre deinde quia iam nōn potest.
Os dēvorātum fauce[2] cum haerēret lupī,
māgnō dolōre victus coepit singulōs
illicere pretiō, ut illud extraherent malum.
Tandem persuāsa est iūre iūrandō gruis,
gulae quae crēdēns collī longitūdinem
perīculōsam fēcit medicīnam lupō.
Prō quō cum pactum flāgitāret praemium:
„Ingrāta es", inquit, „ōre quae ē nostrō[3] caput
incolume abstūleris et mercēdem postulēs."

bis zweimal, doppelt
indīgnus, -a, -um unwürdig; jemand, der etwas nicht verdient
impūne ungestraft
dēvorāre, dēvorō, dēvorāvī, dēvorātum herunterschlucken
haerēre, haereō stecken (bleiben)
illicere anlocken
extrahere, extrahō herausziehen
iūs iūrandum, iūris iūrandī *n.* Eid
gula, -ae *f.* Kehle
longitūdō, -dinis *f.* Länge
medicīnam facere *mit Dat.* eine Behandlung durchführen (bei)
prō quō dafür
pacīscī, pacīscor, pactus sum einen Vertrag schließen
mercēs, mercēdis *f.* Lohn

1 **impūne abīre deinde quia iam nōn** *ordne zu:* **quia deinde impūne abīre nōn iam** – 2 **fauce** *ergänze zu:* **in fauce** – 3 **ōre quae ē nostrō** *ordne zu:* **quae ē nostrō ōre**

GRUND- UND LERNWORTSCHATZ

lupus, -ī *m.*	Wolf
gruis, gruis *f.*	Kranich
pretium, -iī *n.*	Preis, Lohn
meritum, -ī *n.*	Verdienst; Wohltat; Schuld
adiuvāre, adiuvō, adiūvī, adiūtum *mit Akk.*	unterstützen, helfen
dēsīderāre, desīderō, dēsīderāvī, dēsīderātum	vermissen, sich sehnen; wünschen, verlangen

os, ossis *n.*	Knochen
singulī, -ae, -a	einzeln, je ein; *Subst.* Einzelne
persuādēre, persuādeō, persuāsī, persuāsum *mit Dat.*	überreden; überzeugen
mihi persuāsum est	ich bin überzeugt
perīculōsus, -a, -um	gefährlich
flāgitāre, flāgitō, flāgitāvī, flāgitātum	(heftig) fordern
ingrātus, -a, -um	undankbar
incolumis, -e	unbeschädigt; unverletzt

Analyse und Interpretation

2 Zeige anhand der Konnektoren den dreigliedrigen Aufbau der Fabel.
▶ **Gliederungssignale** (S. 14)

3 Suche alle Wortwiederholungen heraus. Wie sind sie auf den Text verteilt?

4 Zeige am Text, wer bzw. was gemeint ist mit … a) *pro quo* (Vers 10) b) *quae* (Vers 11)

5 Erkläre, was es bedeutet, wenn das Verhalten des Wolfes in Vers 6 und 7 mit *illicere* und *persuadere* charakterisiert wird.

6 *periculosum fecit medicinam* (Vers 9): Erkläre, für wen diese Therapie gefährlich ist.

7 Erkläre, warum der Kranich in Vers 10 das Verb *flagitare*, der Wolf in Vers 12 hingegen das Verb *postulare* verwendet.

8 Formuliere eine kurze Ansprache des Kranichs an den Wolf, in der er begründet, warum für ihn die versprochene Belohnung nicht ausreicht.

9 Beurteile die Argumentation des Wolfes in Vers 11 und 12.

Vergleichstext 1: Der Wolf und der Kranich (Jörn Klinke)

Ein römischer Jäger trug einen Kranich nach Hause, den er lebendig in einem Wurfnetz gefangen hatte. In der Nähe beobachtete ein Wolf die Szene.
Zu diesem schrie der Kranich: „Wolf, wenn du mich rettest, stehe ich auf ewig in deiner Schuld!“
Der Wolf vernahm den Hilferuf und griff den Jäger an. Dieser ließ lieber den Kranich los und suchte das Weite, als sich mit dem Wolf anzulegen.
Die Freude des Kranichs währte jedoch nur kurz, da der Wolf sprach: „Na, wann kommt man schon einmal so leicht an seinen Braten!“
Moral: Der Teufel ist der Teufel und bleibt der Teufel, selbst wenn er dir hilft!
Oder: Trau', schau' wem!

1 Beurteile die Chance des Kranichs zu entkommen.

2 Überlege dir eine Situation im täglichen Leben, in der ein Mensch in einer Lage ist, die man mit der des Kranichs vergleichen kann.

3 Vergleiche die beiden Fabeln und arbeite Gemeinsamkeiten und Unterscheide heraus. Bewerte dann das Verhalten von Wolf und Kranich.

Vergleichstext 2:
In Wolfes Rachen steckt ein Bein (Johann Gottfried Herder, 1744–1803)

in: Deutsche Fabeln aus neun Jahrhunderten, hrsg. von K. W. Becker, 1991, S. 300

In Wolfes Rachen steckt ein Bein
Chirurgus Kranich fährt hinein
und hat es glücklich schon
„Herr Wolf, mein Feldscheerlohn!“

„Den hast du,“ sprach der Wolf, „du Langhalsschnabel schon:
Denn Herr, bei meiner Seele!
Ihr wart mir in der Kehle.“

„Herr Hofmann, Eure Pension
Für so viel Sklavendienst, wo ist nun Euer Lohn?“

„Freund, rechne mirs genug zum Lohne,
dass ich mit heiler Krone
hier wohne.“

Schutz und Gehorsam im Mittelalter

Das mittelalterliche Lehnswesen beruhte auf dem gegenseitigen Treueverhältnis zwischen zwei Partnern, einem mächtigen Lehnsherrn (Herder nennt ihn „Hofmann“, V. 9) und einem schwächeren Lehnsmann, der von diesem ein Stück Land geliehen bekam, auf dem er wohnen konnte und das er nutzen durfte. Außerdem garantierte der Lehnsherr ihm Schutz und Unterhalt. Dafür musste der Lehnsmann sich in dessen Dienst stellen und ihm per Eid Treue und Gehorsam versprechen. Er musste sich verpflichten, den gepachteten Hof zu verwalten und die dort anfallende Sklavenarbeit gewissenhaft auszuüben.
Die Übergabe des anvertrauten Grundbesitzes und die gegenseitige Treueverpflichtung wurde mit einem feierlichen Ritual, dem so genannten Handgang, besiegelt: Der Lehnsmann legte seine gefalteten Hände zum Zeichen der Hingabe in die Hände des Lehnsherrn, die dieser umschloss. Damit begab er sich symbolisch in dessen Schutz.

Analyse und Interpretation

1. Arbeite die zentrale Aussage der Herder-Fabel heraus.
2. Vergleiche das mittelalterliche Treueverhältnis zwischen Lehnsherrn und Lehnsmann mit der Phaedrus-Fabel.

3.9 Macht geht vor Recht

In der Regel pflegt ein Wolf sein Verhalten gegenüber einem schwachen Schaf nicht zu begründen. Für ihn gilt das Recht des Stärkeren. In dieser Fabel jedoch scheint der Wolf genau das Gegenteil zu tun.

Zur sprachlichen Vorerschließung

1 Finde jeweils ein Adjektiv bzw. Partizip zu *ad rivum, lupus et agnus, fauce, latro, aquam, laniger, haustus.*

Phaedrus I, 1 – Lupus et āgnus → MP3

Online-Link **623160-0002**

Ad rīvum eundem lupus et āgnus vēnerant,
sitī compulsī. Superior stābat lupus,
longēque īnferior āgnus. Tunc fauce improbā
latrō incitātus iūrgiī causam intūlit.
„Cūr“, inquit, „turbulentam fēcistī mihi
aquam bibentī?“ Lāniger contrā timēns:
„Quī possum, quaesō, facere quod querēris, lupe?
Ā tē dēcurrit ad meōs haustūs liquor“.
Repulsus ille vēritātis vīribus:
„Ante hōs sex mēnsēs male“, ait, „dīxistī[1] mihi.“
Respondit āgnus „Equidem nātus nōn eram.“
„Pater hercle tuus“, ille inquit, „maledīxit mihi.“
Atque ita correptum[2] lacerat iniūstā nece.
Haec propter illōs scrīpta est hominēs fābula,
quī fictīs causīs innocentēs opprimunt.

rīvus, -ī *m.* Bach
compellere, compellō, compulī, compulsum treiben
superior – īnferior weiter oben – weiter unten
faux, faucis *f.* Rachen
iūrgiī causam īnferre einen Grund für einen Streit suchen
turbulentus, -a, -um unruhig
lāniger, -ī *m.* „Wollträger“ = Schaf
quī? *hier:* wie?
querī, queror beklagen
dēcurrere, dēcurro herabfließen
haustus, -ūs *m.* Trinkplatz
repellere, repellō, reppulī, repulsum widerlegen
mēnsis, -is *m.* Monat
maledīcere, maledīco, maledīxī *mit Dat.* beleidigen
hercle! Beim Herkules!
corripere, corripiō, corripuī, correptum gewaltsam ergreifen
innocēns, -entis unschuldig

1 **male … dīxistī = maledīxistī** – 2 **correptum** *ergänze zu:* **correptum āgnum**

GRUND- UND LERNWORTSCHATZ

āgnus, -ī *m.*	Lamm
īdem, eadem, idem	der- / die- / dasselbe
sitis, sitis *f.*	Durst
stāre, stō, stetī, statum	stehen
latrō, -ōnis *m.*	Straßenräuber; Mörder
aqua, -ae *f.*	Wasser
quaesō	bitte
vēritās, -ātis *f.*	Wahrheit
equidem	*verstärktes* ich, (ich) meinerseits, (ich) allerdings
nāsci, nāscor, nātus sum	geboren werden
lacerāre, lacerō, lacerāvī, lacerātum	zerfleischen
nex, necis *f.*	(gewaltsamer) Tod
causa, -ae *f.*	Sache; Ursache, Grund

Analyse und Interpretation

2 Zeige, wie die folgenden Gattungselemente verteilt sind:
Rede – Moral – Gegenrede – Ausgangssituation – Ergebnis

3 Finde die Ausdrücke, mit denen Wolf und Lamm charakterisiert werden. Suche nach Gegensatzpaaren. ▶ **Antithesen (S. 14)**

4 Bestimme das inhaltliche Verhältnis zwischen Partizip und Prädikat ▶ **Partizipialkonstruktionen (S. 15)**:
- a) Ad rivum eundem lupus et agnus venerant, siti *compulsi*
- b) „Cur aquam mihi *bibenti* turbulentam fecisti?"
- c) Laniger contra *timens* (ait):
- d) Ille viribus veritatis *repulsus* (ait):
- e) Atque ita *correptum* lacerat iniusta nece

5 Finde heraus, um welches Stilmittel es sich jeweils handelt:
- a) *repulsus ille veritatis viribus*
- b) *superior stabat lupus, inferior stabat agnus*
- c) *aquam mihi bibenti turbulentam fecisti*

6 Zeige, wie sich die Redeanteile von Wolf und Lamm verändern.

7 Erkläre, warum der Wolf das Lamm nicht sofort tötet.

8 Erkläre, welche allgemeine Lebenserfahrung Phaedrus mit dieser Fabel ausdrückt.

Vergleichstext: Vom Wolf und dem Lamme (John Ogilby, 1600–1676)

in: H. Lindner, Fabeln der Neuzeit, Wilhelm Fink Verlag, München, 1978, S. 244–245 (Übersetzung: H. Lindner)

Das Schicksal wollte es, dass der böse Wolf und das sanfte Lamm, unter der Mittagshitze und Phoebus' sengender Flamme leidend, an einen kühlen Fluss kamen, um ihren Durst zu stillen. Zwischen den einzelnen Schlucken redete der Wolf es mit langsamer, aber bösartiger Stimme folgendermaßen an: „Wie kannst du es wagen, mein Trinkwasser zu beschmutzen und mit deinen Füßen den Kies aufzurühren? Du Sohn eines verdorbenen Vorfahren, wie kannst du (Sklave des grausamen Menschen, der mit deinem Vlies sich gegen die Kälte schützt) es wagen, diese klare silberne Woge zu beflecken?" Erstaunt und beim Anblick seiner böse-funkelnden Augen und aufgestellten Haare von einer plötzlichen Angst gepackt, sagte das Lamm: „Habt Nachsicht mit mir und spart Euch Euern Groll, Herr. Demütig bitte ich Euch um Vergebung, dass ich so nah bei Euch und zur selben Zeit hier trinke. Doch, mit Verlaub, der Wasserlauf ist an Euerer Stelle nach wie vor rein. Ich, Herr, befinde mich, wenn Ihr dies bitte zur Kenntnis nehmen wollt, unterhalb von Euch, und das Wasser fließt somit von Euerm Maul zu dem meinen; es fließt an Euch vorbei, bevor es meine Kehle erreicht." Da grinste der grimmige Wolf, und seine Augen funkelten dabei wie Feuerbrände. „O verfluchtes Geschlecht!" sagte er, „dem meinigen feindlich gesinnt schmiedet es immer neue Ränke, uns harmlose Wölfe zu vernichten. Von der Urmutter deiner Rasse ab, du frevlerisches Lamm, geben sich dein Vater, deine Mutter und deine ganze blökende Sippe als Unschuldsengel; ich aber, ich bin der Bösewicht. Niemand darf sich unterstehen, zu sagen, dass ihr im Wolfskleid daherkommt und die Leichname der Verstorbenen aus den neuen Gräbern raubt und die armen Wölfe für eure Schandtaten ins Unglück bringt. Ihr lasst Hunde, einst unsere Brüder, die verdammten Köter, auf unser Geschlecht los. Wer hört denn überhaupt noch unsere Rechtfertigungsversuche an? Wenn ihr der Grund des Verfahrens seid, dann ist unser Leben allemal schon verwirkt. (Oder: Wo ihr doch die Ursache für alles Blutvergießen seid!) Nun schwöre ich bei der Krone unseres Königs Lycaon[1], dem der rebellische Jupiter so übel mitspielte, dass ich nicht länger diesen Affront hinnehmen werde." Nach diesen Worten stürzt er sich auf das arme Lamm; sein grausamer Zahn färbt den Fluss purpurn, während ihm warmes Blut ins Gesicht und in die Augen spritzt.

1 Lycaon, König von Arkadien, wurde von Jupiter zur Strafe für seine Greueltaten in einen Wolf verwandelt.

Analyse und Interpretation

1 Beschreibe, wie Ogilby den Wolf und das Lamm charakterisiert.
2 Erkläre, was der Wolf dem Lamm vorwirft.
3 Beurteile die Vorwürfe des Wolfes.

3.10 Mit großen Herren ist nicht gut Kirschen essen

Wenn eine Kuh, ein Schaf und eine Ziege mit einem Löwen eine Gemeinschaft bilden, dann kann das für sie von Vorteil sein. Trotzdem warnt Phaedrus vor einer solchen Verbindung, mit gutem Grund, wie die folgende Fabel zeigt.

Zur inhaltlichen Vorerschließung

1 Schreibe auf, was deiner Meinung nach das Sprichwort „Mit großen Herren ist nicht gut Kirschen essen!“ bedeutet.

Phaedrus I,5 – Vacca et capella, ovis et leō

Numquam est fidēlis cum potente societās.
Testātur haec fābella prōpositum meum.
Vacca et capella et patiēns ovis iniūriae
sociī fuēre[1] cum leōne in saltibus.
Hī cum cēpissent cervum vāstī corporis,
sīc est locūtus[2] partibus factīs leō:
„Egō prīmam[3] tollō, quoniam nōminor leō.
Secundam, quia sum fortis, tribuētis mihi.
Tum, quia plūs valeo, mē sequētur tertia[4].
Malō afficiētur, sī quis quārtam[5] tetigerit.“
Sīc tōtam praedam sōla improbitās abstūlit.

fābella = fabula
saltus, -ūs *m.* (Wald)Tal
sequī, sequor *hier:* zufallen
malō afficere, afficiō hart bestrafen
sōla improbitās *übersetze:* *sōlus improbus*

1 fuēre = fuērunt – **2** est locūtus = locūtus est – **3** prīmam *ergänze zu:* prīmam partem – **4** tertia *ergänze zu:* tertia pars – **5** quārtam *ergänze zu:* quārtam partem

Analyse und Interpretation

2 Untersuche den Aufbau der Fabel.
3 Zeige am Text, wie Phaedrus ausdrückt, dass die Jagd ein gemeinsames Unternehmen von Kuh, Ziege, Schaf und Löwe ist.
4 Nenne die Konjunktionen, mit denen der Löwe in den Versen 7–10 seinen alleinigen Anspruch auf die Beute begründet.
5 Beschreibe, welche Wirkung erzielt wird, wenn der Löwe beim vierten Argument eine andere Konjunktion verwendet.
6 Suche die Ausdrücke die zum Wortfeld *stark* gehören. ▶ **Wortfelder (S. 15)**
7 Zeige, mit welchen Ausdrücken in Vers 4 und Vers 9 eine Antithese gebildet wird. ▶ **Antithesen (S. 15)**
8 Erkläre, was Kuh, Ziege und Schaf falsch gemacht haben.

9 Beurteile, wie die Situation im grünen Kasten zur Fabel I 5 passt. Eignet sich das Sprichwort als Überschrift für die Phaedrus-Fabel?

Mit großen Leuten ist schlecht Kirschen essen …

denkt Herr Michel mit seinen knapp 1,55 m, als er sich zusammen mit dem zwei Meter großen Herrn Schröder auf dem Wochenmarkt Obst gekauft hat. Da kann er noch so wild mit den Fingern zappeln und darum betteln, auch ihm etwas abzugeben. Selbst wenn er sich auf seine Zehenspitzen stellt, wird es ihm nichts nützen, denn er kommt an die Tüte nicht heran. Und so muss er mit hungrigem Magen zusehen, wie sich der feine große Herr genüsslich selbst alle Kirschen in den Mund stopft. (Wulf Mißfeldt)

GRUND- UND LERNWORTSCHATZ

vacca, -ae *f.*	Kuh
capella, -ae *f.*	Ziege
ovis, -is *f.*	Schaf
leō, leōnis *m.*	Löwe
societās, -ātis *f.*	Gemeinschaft; Bündnis; Gesellschaft
testārī, testor, testātus sum	als Zeugen anrufen; bezeugen
fābella, -ae *f.*	Fabel
prōpositum, -ī *n.*	Vorsatz, Ziel; Thema
socius, -iī *m.*	Gefährte, Kamerad; Verbündeter
vāstus, -a, -um	öde, weit; ungeheuer groß
quoniam	da ja
tribuere, tribuō, tribuī, tribūtum	zuteilen; schenken
sequī, sequor, secūtus sum	folgen
praeda, -ae *f.*	Beute

Vergleichstext 1: Der Löwe und die Füchse (James Thurber, 1894 – 1961)

in: 75 Fabeln für Zeitgenossen, James Thurber, 21. Aufl., Hamburg 2006, Rowohlt Verlag GmbH, S. 94

Gerade hatte der Löwe dem Schaf, der Ziege und der Kuh auseinandergesetzt, dass der von ihnen erlegte Hirsch einzig und allein ihm gehöre, als drei Füchse erschienen und vor ihn hintraten.

„Ich nehme ein Drittel des Hirsches als Strafgebühr“, sagte der erste Fuchs. „Du hast nämlich keinen Jagdschein.“
„Und ich“, sagte der zweite, „nehme ein Drittel des Hirsches für deine Witwe, denn so steht es im Gesetz.“
„Ich habe gar keine Witwe“, knurrte der Löwe.

„Lassen wir doch die Haarspaltereien", sagte der dritte Fuchs und nahm sich ebenfalls seinen Anteil. „Als Einkommensteuer", erklärte er. „Das schützt mich ein Jahr lang vor Hunger und Not."
„Aber ich bin der König der Tiere", brüllte der Löwe.
„Na, dann hast du ja eine Krone und brauchst das Geweih nicht", bekam er zur Antwort, und die drei Füchse nahmen auch noch das Hirschgeweih mit.
Moral: Heutzutage ist es nicht mehr so leicht wie in früheren Zeiten, sich den Löwenanteil zu sichern.

Analyse und Interpretation

1 Zeige, dass sich die Füchse wie der Löwe bei Phaedrus verhalten.
2 Erkläre, inwiefern die Fabel bei Thurber anders als bei Phaedrus endet.

Vergleichstext 2: Die Teilung (Wilhelm Busch, 1832 – 1908)

in: W. Busch, Sämtliche Werke, hrsg. von R. Hochhut, München, C. Bertelsmann Verlag, [12]2008, Bd. II, S. 575

Es hat einmal, so wird gesagt,
Der Löwe mit dem Wolf gejagt.
Da haben sie vereint erlegt
Ein Wildschwein, stark und gut gepflegt.
Doch als es ans Verteilen ging,
Dünkt das dem Wolf ein mißlich Ding.
Der Löwe sprach: Was grübelst du?
Glaubst du, es geht nicht redlich zu?
Dort kommt der Fuchs, der mag entscheiden,
Was jedem zukommt von uns beiden.
Gut, sagt der Wolf, dem solch ein Freund
Als Richter gar nicht übel scheint.
Der Löwe winkt dem Fuchs sogleich:
Herr Doktor, das ist was für Euch.
Hier dieses jüngst erlegte Schwein,
Bedenkt es wohl, ist mein und sein.
Ich faßt' es vorn, er griff es hinten;
Jetzt teilt es uns, doch ohne Finten.
Der Fuchs war ein Jurist vom Fach.
Sehr einfach, spricht er, liegt die Sach.
Das Vorderteil, ob viel, ob wenig,
Erhält mit Fug und Recht der König.
Dir aber, Vetter Isegrimm,
Gebührt das Hinterteil. Da nimm!
Bei diesem Wort trennt er genau
Das Schwänzlein hinten von der Sau.
Indes der Wolf verschmäht die Beute,
Verneigt sich kurz und geht beiseite.
Fuchs, sprach der Löwe, bleibt bei mir.
Von heut an seid Ihr Großwesir.
(1904)

Analyse und Interpretation

1 Erläutere:
   a) Was hat Wilhelm Busch übernommen?
   b) Was hat er hinzugefügt?
   c) Die Moral seiner Fabel.

3.11 Reden ist Silber, Schweigen ist Gold

Oft bekommen Jüngere von Älteren wohlgemeinte Ratschläge. Was aber passiert, wenn es umgekehrt ist? Von einem solch typischen Generationenkonflikt handelt die folgende Fabel.

Zur inhaltlichen Vorerschließung

1 Überlege dir einen typischen Konflikt zwischen Alt und Jung.

Phaedrus V, 9 – Taurus et Vitulus

Angustō in aditū taurus luctāns cornibus
cum vix intrāre posset ad praesēpia,
mōnstrābat vitulus, quō sē pactō plecteret.
„Tacē!“, inquit, „Ante hoc nōvī quam tū nātus ēs.“
Quī doctiōrem ēmendat, sibi dīcī putet.

luctārī sich abmühen mit
cornū, cornūs *n.* Horn
praesēpia, -ōrum *n. pl.* Stall
quō pactō auf welche Weise
sē plectere sich bücken
ēmendāre, ēmendō von Fehlern befreien, verbessern
sibi dīcī putet *ergänze zu:* **hāec verba sibi dīcī putet**

GRUND- UND LERNWORTSCHATZ

taurus, -ī *m.*	Stier
mōnstrāre, mōnstrō, mōnstrāvī, mōnstrātum	zeigen, lehren
vitulus, -ī *m.*	Kalb
nōvisse, nōvī *(Perfekt!)*	kennen, wissen
doctus, -a, -um	gelehrt, gebildet

Analyse und Interpretation

2 Wie ist diese kurze Fabel aufgebaut? Zeige an dieser kurzen Fabel die typischen Bausteine.

3 Bestimme die Sinnrichtung des Partizips in Vers 1. ▶ **Partizipialkonstruktionen (S. 15)**

4 Zeige,
a) welche Wortvariation Vers 2 mit Vers 3 verbindet,
b) worauf sich das Pronomen *hoc* (Vers 4) bezieht.

5 Erläutere,
   a) wodurch sich Stier und Kalb unterscheiden,
   b) warum der Stier Probleme hat, in den Stall einzutreten.
6 Begründe,
   a) warum der Stier in Vers 4 dem Kalb befiehlt zu schweigen,
   b) warum der Rat des Kalbs dem Stier nicht nützt.
7 Stelle eine Beziehung zwischen dieser Fabel und der Situation im grünen Kasten her:

Reden ist Silber, Schweigen ist Gold

„Hören Sie nur, mein Wellensittich kann sprechen!" sagt Herr Kleinert stolz und führt seine Gäste in sein Wohnzimmer. Dort sitzt der silbergraue Vogel auf dem Rand des Goldfischglases und quasselt ununterbrochen dummes Zeug. Und der Goldfisch im Glas? Der schweigt und denkt sich seinen Teil. Könnte er reden, dann würde er sicher sagen: „Halt bitte endlich mal deine Klappe!" Aber er bleibt stumm und sagt nicht, was er denkt – denn das ist manchmal klüger! (Wulf Mißfeldt)

Vergleichstext: Der Stier und das Kalb (Jörn Klinke)

Verwegen sprach das Kalb zum Stier: „Lass mich in den Kampf ziehen! Gewiss, stark bist du, aber mit meinem Geschick und meiner Schnelligkeit kannst du es nicht aufnehmen."
Der Stier durchschaute die Lage und sagte lächelnd: „Wie du willst."
Ebenso lächelte der Torero, als seine Frau ihm beim sonntäglichen Mittagsmahle das Kalb in einer wirklich delikaten Soße servierte.
Moral: Es ist töricht, in den Kampf zu ziehen, ehe man bereit dafür ist.
Oder: Übermut tut selten gut.

Analyse und Interpretation

1 Erkläre, worin sich der Stier und das Kalb unterscheiden.
2 Erkläre, worin sich das Verhalten des Kalbes in dieser Fabel dem des anderen aus der Fabel des Phaedrus gleicht.
3 Ähnelt dieser Stier dem der ersten Fabel oder eher nicht? Begründe.
4 Der Stier in dieser Fabel geht offensichtlich davon aus, dass das Kalb verlieren wird. Beschreibe seine Reaktion, falls das Kalb gewonnen hätte.

3.12 Der Schein trügt

Wer führt ein besseres Leben, ein Wolf oder ein Hund? Phaedrus rät in dieser Fabel, genau hinzusehen und nicht vorschnell zu urteilen.

Phaedrus III, 7 – Lupus ad canem

Quam dulcis sit lībertās breviter prōloquar.
Canī perpāstō maciē cōnfectus lupus
forte occurrit. Dein, salūtātī invicem
ut restitērunt. „Unde sīc, quaesō, nitēs?
Aut quō cibō fēcistī tantum corporis?
Egō, quī sum longē fortior, pereō fame.“
Canis simpliciter: „Eadem est condiciō tibi,
praestāre dominō sī pār officium potēs.“
„Quod?“, inquit ille. „Cūstōs ut sīs līminis,
ā fūribus tueāris et noctū domum.
Affertur ultrō pānis. Dē mēnsā suā
dat ossa dominus. Frūsta iactat familia,
et, quod fastīdit, quisque pulmentārium.
Sīc sine labōre venter implētur meus.“
„Egō vērō sum parātus: nunc patior nivēs
imbrēsque in silvīs asperam vītam trahēns.
Quantō est facilius mihi sub tēctō vīvere,
et ōtiōsum largō satiārī cibō!“
„Venī ergō mēcum.“ Dum prōcēdunt, aspicit
lupus ā catēnā collum dētrītum canis.
„Unde hoc, amīce?“ – „Nīl est.“ – „Dic, sōdēs, tamen.“
„Quia videor ācer, alligant mē interdiū,
lūce ut quiēscam, et vigilem, nox cum vēnerit.
Crepusculō solūtus, quā vīsum est, vagor.“
„Age, sī quō abīre est animus, est licentia?“
„Nōn plānē est“, inquit. – „Fruēre, quae laudās, canis.
Rēgnāre nōlō, līber ut nōn sim mihi.“

prōloquī, -or sagen
perpāstus, -a, -um wohlgenährt
maciēs, -ēī *f.* Magerkeit
cōnfectus, -a, -um geschwächt
dein = deinde
salūtātī invicem ut *ordne zu:* **ut invicem salutati [sunt]**
invicem gegenseitig
ut *(+ Ind.) hier:* als
restāre, restō, restitī *hier:* stehenbleiben
nitēre, niteō fett sein
simpliciter ehrlich
praestāre dominō sī pār officium potēs *ordne zu:* **sī dominō pār officium praestāre potēs**
afferre, afferō (herbei)bringen
ultrō darüber hinaus, sogar
frūstum, -ī *n.* Brocken, Bissen
pulmentārium, -iī *n.* Fleisch

ōtiōsum in aller Ruhe
catēna, -ae *f.* Kette
dētrītus, -a, -um abgescheuert
nīl = nihil
sōdēs wenn du willst
vidērī, videor *Pass.* scheinen
alligāre, alligō anbinden
interdiū tagsüber
quiēscere ausruhen
crepusculum, -ī *n.* Abenddämmerung
quā vīsum est wohin ich auch will
quō = aliquō irgendwohin
animus est man hat Lust
ut *(+ Konj.) hier:* wenn

GRUND- UND LERNWORTSCHATZ

occurrere, occurrō, occurrī, occursum	begegnen, entgegenlaufen
fūr, fūris *m.*	Dieb
pānis, -is *m.*	Brot
mēnsa, -ae *f.*	Tisch
venter, tris *m.*	Bauch
patī, patior, passus sum	leiden, ertragen, zulassen
nix, nivis *f.*	Schnee, *Pl:* Schneefälle
imber, bris *m.*	Regen, *Pl:* Regenfälle
largus, -a, -um	freigebig, reichlich
lūx, lūcis *f.*	Licht
vigilāre, vigilō, vigilāvī, vigilātum	wachen, bewachen
vagārī, vagor, vagātus sum	umherschweifen
plānē	deutlich, durchaus
fruī, fruor, frūctus sum *(mit Abl.)*	genießen
nōlle, nōlō, nōluī	nicht wollen
līber, libera, līberum	frei

Analyse und Interpretation

1 Erkläre den Aufbau dieser Fabel.
Welches bewusst wiederholte Fragewort leitet die beiden Hälften des Dialogs ein?

2 Stelle die beiden Lebensweisen von Wolf und Hund mit einzelnen lateinischen Begriffen einander gegenüber.

3 Beschreibe, welche „Schwachstelle" im Hundeleben der Wolf erkennt.

4 Bei *„qua visum est"* (Vers 24) fehlt das Dativ-Objekt. Ergänze *„mihi"* bzw. *„domino"* und erkläre den Unterschied in der Aussage.

5 Beurteile die Qualität des Essens, von dem der Hund in den Versen 11–13 spricht.

6 Zeige, mit welchen Formulierungen in dieser Fabel „die Freiheit" bzw. „Unfreiheit" umschrieben wird.

7 Welche der beiden Lebensweisen würdest du wählen? Begründe deine Meinung.

8 Erkläre, was diese Fabel mit der Situation im grünen Kasten gemeinsam hat.

Der Schein trügt

„Da bin ich lieber etwas misstrauisch!" denkt Kaufmann Meier und überprüft genau den neuen 50-Euro-Schein, den Frau Meier ihm beim Bezahlen hinreicht. Soeben hat nämlich das Fernsehen gemeldet, dass Falschgeld im Umlauf sei. Da muss man schon genau hinsehen, denn auf den ersten Blick sieht ein gefälschter Geldschein genauso aus wie ein echter. (Wulf Mißfeldt)

Vergleichstext 1: Hund und Wolf (Hugo von Trimberg, 1230 – 1313)

Auch Phaedrus hatte bereits Vorbilder, wie den griechischen Dichter Aesop, auf den er sich oft selbst ausdrücklich bezieht. So wie die Fabeln des Aesop unter anderem in Phaedrus weiterlebten, lebten auch die Fabeln des Phaedrus weiter. Sie wurden im Mittelalter nicht nur gelesen, sondern auch neu geschrieben und christlich umgedeutet. So zeigt die folgende Fabel von Hund und Wolf, wie ein Thema von Aesop, der ungefähr 600 v. Chr. lebte, über Phaedrus bis hinein ins Mittelalter gelesen und gedeutet wurde.

in: Deutsche Fabeln aus neun Jahrhunderten, hrsg. von K. W. Becker, 1991, S. 27

Eines Tages lief ein großer Hund,
wie Meister Äsop uns kund tut,
aus einem Dorf in einen Wald.
Sein Körper war gut genährt und
wohlgestaltet.
Ein magerer Wolf erblickte ihn da,
der lief zu ihm hin und sprach:
„Sage mir, mein lieber Geselle,
wie sind dein Fleisch und dein Fell
so gut genährt und auch deine Haut
so glatt?
Wollte Gott, es ginge mir auch so gut!
Hilf mir, dass ich bei dir bleibe,
denn es erscheint mir an deinem Körper
alles so ganz vollkommen!“ Da sprach
der Hund:
„Mein Leben will ich dir kund tun:
Ich gehöre einem reichen Mann,
der lässt mich selten hungrig werden,
auch trägt mir sein Hausgesinde zu
spät und früh die besten Bissen in Fülle.
Willst du mit mir nun nach Hause laufen,
man pflegt dich dort so gut wie mich.“
Während der Hund dieses sprach,
schaute der Wolf seine Kehle an,
er sprach: „Nun sage mir, bevor wir
lostraben,
wovon ist deine Kehle so abgeschabt?“
Er sprach: „Das berichte ich dir genau:
Tagsüber beengt mich ein Halsband,
aber nachts bin ich frei
und halte mich auf meines Herrn Hof auf
und sorge dafür, dass ihm kein Schaden
geschieht.“
Der Wolf sprach: „Mit dir will ich nicht!
Sollte ich den Tag über gefangen sein,
was sollte mir dann mein Leben?
Ich wollte lieber immer so abgeschabt
im Wald und auch im Feld herumtraben
und wollte meinen freien Willen haben,
bevor ich lebend begraben wäre
wegen meiner dürftigen Leibesnahrung!“
Nun habt acht auf die armen Räuber
und manch andere einfältige Leute
in der Welt, die noch jetzt
das Leben der Mönche loben
und wollen doch sich selber nicht hinein-
begeben:
Die haben die Gesinnung des mageren
Wolfes.
Wer sich aber in ein Kloster begibt,
wo er sicherlich Nahrung hat,
der zählt sich an des Hundes Stelle,
der gern in dem Halseisen lag
gefangen manchen hellen Tag.

Analyse und Interpretation

1 Erkläre, wer mit dem Hund, wer mit dem Wolf gemeint ist.

2 Beschreibe, wie sich die Bewertung der beiden Lebensweisen bei Trimberg von der Phaedrus-Fabel unterscheidet.

Vergleichstext 2: Das Halsband (Edwin Hoernle, 1883 – 1952)

in: Deutsche Fabeln aus neun Jahrhunderten, hrsg. von K. W. Becker, 1991, S. 443

Ein Hofhund hatte die Gewohnheit, bei Nacht aus dem Halsband zu schlüpfen und mit den Wölfen zu jagen.
Ein junger Wolf, der die Welt nicht kannte, wagte sich eines Nachts, auf die Kameradschaft des Hundes vertrauend, in den Hof des Bauern. Unbesorgt schritt er an dem blinzelnden Hofhund vorbei und den Ställen zu.
Mit einemmal fühlte er das scharfe Gebiss des Hundes im Genick.
„Was tust du?“ schrie er erschrocken. Böse Ahnungen stiegen in ihm auf.
„Meine Pflicht“, knurrte der Hofhund.
„Aber hast du nicht mit uns gejagt?“ fragte der Wolf.
„Gewiss, mein Lieber“, erwiderte der Hund, „und ich hoffe, es wieder zu tun. Aber jetzt bin ich im Dienst. Siehst du nicht mein Halsband? Als Beamter und Diener meines Herrn muss ich dich töten, als Tier bin ich dein Vetter, und mein Herz blutet um dich.“
Sprach’s und biss dem Wölflein das Genick ab.

Analyse und Interpretation

1 Erkläre die Bedeutung des Halsbands und überlege dir, was Hoernle mit dieser Fabel kritisiert.

3.13 Wer hat, der hat

Es gibt sicher Unterschiede zwischen männlichen und weiblichen Tieren. Kann man aber sagen, dass die einen tüchtiger sind als die anderen?

Zur sprachlichen Vorerschließung

1 Entscheide bei jedem Vers der folgenden Fabel, ob es sich um einen *Hauptsatz*, einen *Nebensatz* (*Kausal*, *Temporal-*, *Relativ-* oder *Konsekutivsatz*) oder um einen *AcI* handelt.

Phaedrus IV, 17 – Dē caprīs barbātīs

Barbam capellae cum impetrāssent[1] ab Iove,
hirci maerentēs indīgnārī coepērunt,
quod dīgnitātem fēminae aequāssent suam.
„Sinite“, inquit, „illās glōriā vānā fruī
et ūsūrpāre vestrī ōrnātum mūneris,
parēs dum nōn sint vestrae fortitūdinī.“
Hoc argūmentum monet, ut sustineās tibi
habitū esse similēs, quī sunt virtūte impārēs.

barbātus, -a, -um bärtig
barba, -ae *f.* Bart
indīgnārī sich empören
aequāre, aequō, aequāvī gleichkommen; erreichen
ūsūrpāre in Besitz nehmen, sich aneignen
ōrnātus, -ūs *m.* Schmuck, Zierde

argūmentum, -ī *n. hier:* Fabel
impār, -is *mit Abl.* ungleich (an)

1 impetrāssent = impetrāvissent – 2 aequāssent = aequāvissent

GRUND- UND LERNWORTSCHATZ

caper, -prī *m.*	Ziegenbock
impetrāre, impetrō, impetrāvī, impetrātum	durchsetzen; erreichen, erlangen
Iuppiter, Iovis *m.*	Jupiter
dīgnitās, -tātis *f.*	Würde
sinere, sino, sīvī, situm	lassen, zulassen
vānus, -a, -um	leer, eitel, nichtig
mūnus, -eris *n.*	Verpflichtung; Amt; Geschenk
fortitūdō, -tūdinis *f.*	Tüchtigkeit, Tapferkeit
pār, paris	gleich; angemessen
sustinēre, sustineō, sustinuī	ertragen, aushalten
virtus, -tūtis *f.*	Tapferkeit; Tugend

Analyse und Interpretation

2 Beschreibe den Aufbau der Fabel.

3 Liste die Wörter aus dem ersten Abschnitt auf, die im zweiten variiert werden.

4 Erkläre, worin sich die Meinung der *hirci* von der Meinung Jupiters unterscheidet.

5 Erkläre, wie die weiblichen Ziegen zu ihrem Bart gekommen sind.

6 *Hoc argumentum monet, ut sustineas tibi*
habitu esse similes, qui sint virtute impares.
Schreibe mit deinem Sitznachbarn zusammen ein Streitgespräch zwischen einer männlichen und einer weiblichen Ziege über die *dignitas*.

Vergleichstext 1: Die Ziegen (Gotthold Ephraim Lessing, 1729 – 1781)

Lessing, Fabeln, 2. Buch XXIV
in: Lessing, Gotthold Ephraim, Das dichterische Werk, Bd. I, München, dtv, 1979, S. 255

Die Ziegen baten den Zeus, auch ihnen Hörner zu geben; denn anfangs hatten die Ziegen keine Hörner.
„Überlegt es wohl, was ihr bittet“, sagte Zeus. „Es ist mit dem Geschenke der Hörner ein anderes unzertrennlich verbunden, das euch so angenehm nicht sein möchte.“ Doch die Ziegen beharrten auf ihrer Bitte, und Zeus sprach: „So habt denn Hörner!“ Und die Ziegen bekamen Hörner – und Bart! Denn anfangs hatten die Ziegen auch keinen Bart. O wie schmerzte sie der hässliche Bart, weit mehr, als sie die stolzen Hörner erfreuten!

Analyse und Interpretation

1 Erläutere, wie Lessing und Phaedrus den Bart der Ziegen bewerten.

2 Verfasse eine Reaktion der Böcke in dieser Fabel darauf, dass auch die Ziegen Hörner und einen Bart erhalten haben.

Vergleichstext 2: Der Pfau und der Hahn (Gotthold Ephraim Lessing, 1729 – 1781)

Lessing, Fabeln, 3. Buch XXVII
in: Lessing, Gotthold Ephraim, Das dichterische Werk, Bd. I, München, dtv, 1979, S. 270

Einst sprach der Pfau zu der Henne: Sieh einmal, wie hochmütig und trotzig dein Hahn einher tritt! Und doch sagen die Menschen nicht: der stolze Hahn, sondern nur immer: der stolze Pfau.
Das macht, sagte die Henne, weil der Mensch einen gegründeten Stolz übersieht. Der Hahn ist auf seine Wachsamkeit, auf seine Mannheit stolz; aber worauf du? – Auf Farben und Federn.

Analyse und Interpretation

1 Wem ähneln Pfau, Hahn und Henne? Setze alle drei Tiere in Beziehung zur Phaedrus-Fabel.

3.14 Gemeinsam sind wir stark

Wer wird eine trächtige Hündin (*canis parturiens*) abweisen, wenn sie einen Platz sucht, an dem sie ihre Jungen zur Welt bringen kann? Welche unerwartete Situation sich daraus aber entwickeln kann, erzählt diese Fabel.

Zur sprachlichen Vorerschließung

1 Finde heraus, auf wen sich die folgenden Aussagen beziehen: *rogaverat alteram, facile impetravit, locum reposcebat, preces admovit, tempus breve exoravit, firmiores catulos ducit, flagitabat validius cubile.*

Phaedrus I, 19 – Canis parturiēns

Habent īnsidiās hominis blanditiae malī.
Quās ut vītēmus, versūs subiectī monent.
Canis parturiēns cum rogāsset alteram,
ut fētum in eius tuguriō dēpōneret,
facile impetrāvit. Dein reposcentī locum
precēs admōvit, tempus exōrāns breve,
dum firmiōrēs catulōs posset dūcere.
Hōc quoque cōnsūmptō flāgitārī validius
cubīle coepit. „Sī mihi et turbae meae
pār“, inquit, „esse potueris, cēdam locō.“

subiectus, -a, -um unten stehend
parturīre gebären
rogāsset = rogāvisset
tugurium, -ī *n.* Hundehütte
dein = deinde
reposcere zurückfordern
precēs admovēre, admoveō, admōvī *(+ Dat.)* jmd. mit Bitten bestürmen
exōrāre erflehen
catulus, ī *m.* Welpe
cubīle, -is *n.* Lager, Schlafplatz

GRUND- UND LERNWORTSCHATZ

īnsidiae, -ārum *f. pl.*	Hinterhalt, Falle
blanditia, -ae *f.*	Schmeichelei
vītāre, vītō, vītāvī, vītātum	meiden, vermeiden
fētus, -ūs *m.*	Kind, Junges; Geburt
facilis, -e; *Adv.* facile	leicht
cōnsūmere, cōnsūmō, cōnsūmpsī, cōnsūmptum	verwenden, verbrauchen
turba, -ae *f.*	Getümmel, Lärm, Menge, Menschenmenge
cēdere, cēdō, cessī, cessum	gehen, weichen, nachgeben

Analyse und Interpretation

2 Finde heraus, wie viele Handlungsphasen diese Fabel hat.
Nenne die zeitlich gliedernden Konnektoren. ▶ **Gliederungssignale (S. 14)**

3 Suche in dieser Fabel nach Wortwiederholungen bzw. Wortvariationen.

4 Wie entwickelt sich die Handlung? Zeige den Gegensatz, der zwischen ihrem Anfang und ihrem Ende besteht.

5 Zeige das inhaltliche Verhältnis der Partizipien *parturiens, reposcenti* und *exorans* zu den jeweiligen Prädikaten. ▶ **Partizipialkonstruktionen (S. 15)**

6 Überlege, ob die gastgebende Hündin die Schwierigkeiten hätte voraussehen können.

7 Schreibe eine Reaktion der gastgebenden Hündin auf die letzte Bemerkung der „Untermieterin".

8 In dieser Fabel wird an einem Beispiel erzählt, wie ein Schwacher in der Gesellschaft überleben kann. Nimm dazu Stellung.

Grundwissen

1 Fabel (fabula)

ist eine kurze erfundene Geschichte, in der Tiere handeln, obwohl eigentlich Menschen gemeint sind und aus der sich eine moralische Lehre ziehen lässt.
Der erste Grieche, der Fabeln geschrieben hat, war Aesop (6. Jhr. V. Chr.), dessen Fabeln aber nicht erhalten sind. Als selbständige ernsthafte Literaturform existierte die Fabel jedoch noch nicht, sie wurde bei den Griechen und später in Rom gelegentlich von Rednern und Philosophen dazu verwendet, um mit ihr bestimmte Sachverhalte zu erläutern oder zu verdeutlichen.

2 Phaedrus

wurde vermutlich um 15. v. Chr. in der römischen Provinz Makedonien geboren, kam als Sklave nach Rom, an den Hof des Kaisers Augustus, von dem er später freigelassen wurde.
Mit seinem griechischen Vorbild Aesop lag er im produktiven Wettstreit. Er hat dessen Fabeln ins Lateinische übersetzt, verfeinert und in Verse gefasst. Seitdem gilt er als der Begründer der römischen Versfabel. Er starb zwisschen 51 und 65 v. Chr., das genaue Datum ist unbekannt.

Obwohl Phaedrus in seinen Fabeln die römische Gesellschaft immer nur aus der „Froschperspektive" geschildert und manche Ungerechtigkeiten erfahren hat, war er weder ein geduldiger Untertan noch ein sozialer Revolutionär. Er hat seine Leser dazu aufgerufen, sich mit den Zuständen, wie sie nun einmal herrschen, abzufinden und das Beste daraus zu machen.
In seinen Fabeln wollte er niemanden persönlich beleidigen, sondern nur allgemeine moralische Lebensweisheiten verbreiten. Dennoch hatte er auch Feinde. Mit Sejan, einem Freund des Kaisers Tiberius, kam es zu einem Konflikt, weil dieser sich angegriffen gefühlt hatte. Phaedrus wurde deswegen angeklagt, aber Genaueres ist darüber nicht bekannt.

3 Aufbau der Fabel

Die Fabeln des Phaedrus bestehen in der Regel aus zwei Hauptteilen: einem erzählenden Teil, der Handlung, die den Leser erfreuen soll, und einen belehrenden Teil, der Moral. Diese steht entweder am Anfang als Vorwort *(Promythion)* oder am Ende, quasi als Nachwort *(Epimythion)*. Mit ihr möchte Phaedrus die Menschen zu einer besseren Lebensweise ermuntern.
Den erzählenden Teil hat Phaedrus meist nach einem relativ einfachen Muster aufgebaut: auf eine kurze Einleitung folgt ein Hauptteil, in der ein Handlungsträger handelt *(actio)* und ein zweiter darauf so reagiert *(reactio)*, dass es zu einem Konflikt kommt. Am Ende der Fabel steht dann ein Ergebnis.

Promythion		→	will belehren *(prodesse)*
Handlung Gegen-Handlung Ergebnis	*(actio)* *(reactio)*	→	will erfreuen *(delectare)*
Epimythion		→	will belehren *(prodesse)*

Die handelnden Tiere, die meist gegensätzlich gezeichnet sind, verkörpern menschliche Eigenschaften: zum Beispiel die Fuchs die Schlauheit und der Ziegenbock die Triebhaftigkeit, der Löwe den Machthunger und das Lamm die Geduld.

4 Metrik

In der Antike wurden die Texte laut gelesen. Das erklärt, warum Phaedrus seine Fabeln auch fürs Ohr geschrieben hat, d. h. in Versen, die einen bestimmten Rhythmus haben. Als Grundmaß verwendete er den Jambus (◡ —), der aus einer kurz gesprochenen und einer lang gesprochenen Silbe besteht und der, sechsmal aneinander gereiht, den jambischen Senar (von *seni sc. pedes* = je sechs Füße) ergibt.

Merkvers für das Grundmuster des jambischen Senars:

Sechs Jamben bilden den lateinischen Senar

Dabei gibt es mehrer Möglichkeiten, dieses Grundschema abwechslungsreich zu gestalten, zum Beispiel dadurch, dass man die lang gesprochenen Silben in zwei Kürzen oder eine erste kurze Silbe in eine Länge umwandelte usw.

5 Stilmittel

Außerdem hat Phaedrus bewusst stilistische Mittel eingesetzt. Die häufigsten Stilmittel sind:

Alliteration liegt vor, wenn zwei Wörter hintereinander mit dem gleichen Buchstaben beginnen, um einen klanglichen Effekt zu erzielen.

Chiasmus liegt vor, wenn zwei Ausdrücke zweimal hintereinander verwendet werden, aber in gegensätzlicher Reihenfolge, um eine Antithese zu betonen.

Hyperbaton liegt vor, wenn zwei zusammen gehörende Wörter von einander getrennt stehen, um die eingeschlossenen Wörter hervorzuheben.

Virtuelle Vokabelkartei

Hinweise zur Benutzung der virtuellen Vokabelkartei

Die virtuelle Vokabelkartei enthält den Grund- und Lernwortschatz deiner Lateinlektüre. Mit ihr kannst du die Vokabeln leicht und effektiv lernen und wiederholen. Im Internet findest du die Software hierzu. Einfach auf www.klett.de gehen und den **Online-Link** 623160-0001 in das Suchfeld eingeben.

Zum Aufbau:

Nach dem Start kommst du zur Trainingsauswahl. Sie entspricht dem Inhaltsverzeichnis der Lektüre. So kannst du das Kapitel, dessen Vokabeln du lernen willst, direkt anwählen („Training starten"). Jede Vokabelbox entspricht einem Kapitel. Sie enthält für jede Vokabel ein Vokabelkärtchen. Jedes Kärtchen trägt den Titel und die Nummer des Kapitels oder des Textes, dessen Vokabeln du lernen willst. Auf der Vorderseite steht die Vokabel, die im Text neu vorkommt und zum Lernvokabular gehört. Auf der Rückseite steht die deutsche Übersetzung. Die virtuelle Vokabelkartei folgt dem bewährten Prinzip: Alle Vokabeln, die du leicht behalten kannst, werden zunächst nicht wiederholt und alle, die Schwierigkeiten machen, immer wieder.

Und so erfolgt die Arbeit mit der virtuellen Vokabelkartei:

Alle neuen Karten sind zunächst in Fach 1. Du liest auf der Vorderseite der ersten Karte die lateinische Vokabel. Dann überlegst du, wie die Vokabel auf Deutsch heißt. Du drehst die Karte um und kontrollierst, ob deine Antwort richtig war: War sie richtig, wandert die Karte automatisch in das Fach 2. War sie falsch, bleibt die Karte in Fach 1. Fach 2 kannst du erst dann bearbeiten, wenn hier alle Kärtchen vollzählig angekommen sind, wenn du also alle Vokabeln einmal richtig übersetzt hast. Jetzt geht es weiter: Die Kärtchen, die richtig waren, wandern weiter in das Fach 3; die, die falsch waren, gehen zurück in das Fach 1. Fach 3 wird wiederum erst dann bearbeitet, wenn es vollzählig ist. Und so geht es weiter bis zum Fach 5.

Bei jedem Fach gilt:

Bei einer falschen Antwort wandert die Karte in das Fach 1 zurück. So wird sichergestellt, dass du auch wirklich alle Vokabeln lernst.
Wenn du eine Vokabelbox vollständig gelernt hast, hast du die folgenden Möglichkeiten: Du kannst die Lernrichtung ändern (also Deutsch → Latein), das Training wiederholen oder in der Trainingsauswahl ein weiteres Training starten.
Die „Trainingsauswahl" gibt eine Reihenfolge vor, in der die angegebenen Vokabeln gelernt werden. Du kannst aber eigene Kombiboxen zusammenstellen und selbst Vokabeln ergänzen, die du zusätzlich üben willst.
Wichtig ist, dass du mit der virtuellen Vokabelkartei regelmäßig arbeitest. Schon fünf bis zehn Minuten täglich reichen aus.

Grund- und Lernwortschatz

Der Grundwortschatz in alphabetischer Reihenfolge

acerbus, -a, -um	scharf; rau; bitter; sauer
adiuvāre, adiuvō, adiūvī, adiūtum *mit Akk.*	unterstützen, helfen
aqua, -ae *f.*	Wasser
causa, -ae *f.*	Sache; Ursache, Grund
cēdere, cēdō, cessī, cessum	gehen, weichen, nachgeben
claudere, claudō, clausī, clausum	abschließen; einschließen
cōgere, cōgō, coēgī, coāctum	zusammenbringen; zwingen
collum, -ī *n.*	Hals
comes, comitis *m.*	Begleiter, Gefährte
cōnspicere, cōnspiciō, cōnspēxī, cōnspectum	erblicken
corpus, corporis *n.*	Körper
dēmum	schließlich, endlich; erst
dēsīderāre, desīderō, dēsīderāvī, dēsīderātum	vermissen, sich sehnen; wünschen, verlangen
dīgnitās, -tātis *f.*	Würde
discēdere, discēdō, discessī, discessum	auseinander gehen; weggehen
doctus, -a, -um	gelehrt, gebildet
dum *mit Ind.*	während, solange, bis
equidem	*verstärktes* ich, (ich) meinerseits, (ich) allerdings
ēvādere, ēvādō, ēvāsī, ēvāsum	herausgehen; entkommen; auf etwas hinauslaufen
facilis, -e; *Adv.* facile	leicht
ferrum, -ī *n.*	Eisen; Schwert
fraus, fraudis *f.*	Betrug; Schaden
fruī, fruor, frūctus sum *(mit ABL)*	genießen
fugere, fugiō, fūgī, fugitum	fliehen; meiden
iacēre, iaceō, iacuī	liegen
īdem, eadem, idem	der- / die- / dasselbe
impetrāre, impetrō, impetrāvī, impetrātum	durchsetzen; erreichen, erlangen
incipere, incipiō, coepī, inceptum	anfangen, beginnen
ingrātus, -a, -um	undankbar
Iuppiter, Iovis *m.*	Jupiter
laedere, laedō, laesī, laesum	stoßen; verletzen
lātus, -a, -um	breit; weit
levis, -e	leicht; geringfügig; leichtsinnig
līber, libera, līberum	frei
locus, -ī *m.*	Ort, Platz, Stelle
loquī, loquor, locūtus sum	sprechen, sagen
lūx, lūcis *f.*	Licht
meritum, -ī *n.*	Verdienst; Wohltat; Schuld
mīrārī, mīror, mīrātus sum	sich wundern; bewundern
mōnstrāre, mōnstrō, mōnstrāvī, mōnstrātum	zeigen, lehren
morī, morior, mortuus sum	sterben
mūnus, -eris *n.*	Verpflichtung; Amt; Geschenk

nimius, -a, -um	zu (groß), sehr (groß)
nōvisse, nōvī *(Perfekt!)*	kennen, wissen
occurrere, occurrō, occurrī, occursum	begegnen, entgegenlaufen
onus, oneris *n.*	Last
opēs, opum *f. Pl.*	Streitkräfte; Mittel; Vermögen
ops, opis *f.*	Macht; Hilfe
ōs, ōris *n.*	Mund; Gesicht
ostendere, ostendō, ostendī, ostentum	zeigen; erklären
pār, paris	gleich; angemessen
patī, patior, passus sum	leiden, ertragen, zulassen
perīculōsus, -a, -um	gefährlich
praeda, -ae *f.*	Beute
pretium, -iī *n.*	Preis, Lohn
quaerere, quaerō, quaesīvī, quaesītum	suchen; (er-)fragen
quaesō	bitte
quiētus, -a, -um	ruhig
quondam *(Ad.)*	einmal, einst
quoniam	da ja
rapere, rapiō, rapuī, raptum	rauben; entreißen
redīre, redeō, rediī, reditum	zurückgehen, zurückkehren; hingelangen
resistere, resistō, restitī	stehen bleiben; Widerstand leisten
rumpere, rumpō, rūpī, ruptum	(zer-)brechen; zerreißen
sequī, sequor, secūtus sum	folgen
silva, -ae *f.*	Wald
similis, -e	ähnlich
sinere, sino, sīvī, situm	lassen, zulassen
singulī, -ae, -a	einzeln, je ein; *Subst.* Einzelne
societās, -ātis *f.*	Gemeinschaft; Bündnis; Gesellschaft
stāre, stō, stetī, statum	stehen
summus, -a, -um	höchster, oberster; letzter
superbia, -ae *f.*	Stolz
sustinēre, sustineō, sustinuī	ertragen, aushalten
tangere, tangō, tetigī, tāctum	berühren
tollere, tollō, sustulī, sublātum	aufheben, hochheben; beseitigen
tribuere, tribuō, tribuī, tribūtum	zuteilen; schenken
turba, -ae *f.*	Getümmel, Lärm, Menge, Menschenmenge
turpis, -e	hässlich; schändlich
validus, -a, -um	stark; gesund
vāstus, -a, -um	öde, weit; ungeheuer groß
virtus, -tūtis *f.*	Tapferkeit; Tugend
vīs, vim, vī *f.*	Kraft; Gewalt
vītāre, vītō, vītāvī, vītātum	meiden, vermeiden

Der Lernwortschatz in alphabetischer Reihenfolge

āgnus, -ī *m.*	Lamm
avidus, -a, -um	gierig
blanditia, -ae *f.*	Schmeichelei
bōs, bovis *m. und f.*	*m.* Ochse, *f.* Kuh
canis, canis *m. / f.*	Hund
capella, -ae *f.*	Ziege
caper, -prī *m.*	Ziegenbock
celsus, -a, -um	hoch; hoch erhoben
cervus, -ī *m.*	Hirsch
cōnsūmere, cōnsūmō, cōnsūmpsī, cōnsūmptum	verwenden, verbrauchen
contemnere, contemnō, contempsī, contemptum	verachten
cornu, -ūs *n.*	Horn; Heeresflügel; *Pl. auch* Geweih
corvus, -ī *m.*	Rabe
decus, decoris *n.*	Ehre, Würde; Schmuck
dolōsus, -a, -um	listig
effugium, -ī *n.*	Ausweg; Flucht, Rettungsmöglichkeit
fābella, -ae *f.*	Fabel
famēs, -is *f.*	Hunger
fētus, -ūs *m.*	Kind, Junges; Geburt
flāgitāre, flāgitō, flāgitāvī, flāgitātum	(heftig) fordern
fōns, fontis *m.*	Quelle
fortitūdō, -tūdinis *f.*	Tüchtigkeit, Tapferkeit
fūr, fūris *m.*	Dieb
grāculus, -ī *m.*	Krähe
grex, gregis *m.*	Herde
gruis, gruis *f.*	Kranich
habitus, -ūs *m.*	Haltung; Aussehen; Zustand; (Lebens-)Umstände
hircus, -ī *m.*	Ziegenbock
imber, bris *m.*	Regen, *Pl:* Regenfälle
incolumis, -e	unbeschädigt; unverletzt
īnsidiae, -ārum *f. pl.*	Hinterhalt, Falle
interrogāre, interrogō, interrogāvī, interrogātum	fragen
lacerāre, lacerō, lacerāvī, lacerātum	zerfleischen
largus, -a, -um	freigebig, reichlich
latrō, -ōnis *m.*	Straßenräuber; Mörder
leō, leōnis *m.*	Löwe
libet, libuit	es beliebt, es gefällt
liquor, -ōris *m.*	Flüssigkeit; Wasser
lupus, -ī *m.*	Wolf
maerēre, maereō, maeruī	trauern, betrauern
mēnsa, -ae *f.*	Tisch
mōlīrī, mōlior, mōlītus sum	(an)treiben; unternehmen; beabsichtigen, planen
mūlus, -ī *m.*	Maultier